초심상담자를 위한

상담기법

백현옥

박영
story

머리말

　상담을 진행하면서 기본적이면서 어려운 것이 기법이 아닐까 생각된다. 기본적인 것이라 생각하여 쉽게 넘어가고, 늘 어려운 것으로 남아 있다 보니 매 회기를 마무리하거나 종결하는 순간에 항상 후회하는 것이 '이때 그 말 한번 해볼걸, 이 기법 한번 적용해볼걸'이다. 아무리 숙련된 상담자라도 상담 장면마다 그때그때에 맞게 상담기법을 적용하는 것은 어려운데, 하물며 상담사례가 많지 않은 초심상담자들은 더욱 어려울 것이다.

　상담은 상담자와 내담자의 대화를 통해 이루어진다. 이 대화는 내담자가 자신의 이야기를 잘 풀어내는 것과 상담자가 이야기를 잘 할 수 있게, 잘 들어주는 것이라고 생각한다. 특히 전문적 훈련을 받은 상담자가 내담자의 이야기를 얼마나 잘 이끌어 내느냐에 상담이 시작되고, 진행되는 과정 속에 내담자의 변화가 결정된다고 보았다. 즉, 상담을 시작하고, 진행하며, 변화를 이끌어내는 것 모두 상담기법의 역할이 아닐까 생각한다. 상담자의 무기이자 도구로 상담기법을 사용하는 기법을 함께 배워보고자 한다.

이 책은 온전히 상담기법에 대해 담고자 하였다. 상담기법에 대한 소개, 사용했을 때의 효과, 연습과 적용을 돕기 위해 노력했으며, 상담기법의 이해, 상담기법의 실제로 본 내용을 구성하였으며 유형별 상담기법과 상담사례 소개로 부록을 구성하였다. 첫 시작은 상담기법의 이해로 상담기법의 정의, 상담기법의 유형 등 전반적인 내용을 개관하였다.

상담기법의 실제는 대표적인 상담기법의 주 개념과 사용하는 기법, 기법사용 시 효과, 기법을 사용한 예시, 관련 문제들로 구성하였다. 초심상담자들이 이해할 수 있도록 상담기법을 사용하는 장면에 대한 예시를 통하여 이해를 높이고, 직접 적용하는 기법과 그 효과를 실제적으로 표현하고자 하였다. 또한 각 상담기법별 관련 문제를 제시하여 적절한 기법을 적용해 보는 연습을 할 수 있도록 구성하였다.

마지막 부록에서는 유형별 상담에 따른 상담기법에 대해 제시하였다. 유형은 개인상담, 집단상담, 가족상담, 진로상담으로 구분하였고, 유형마다 자주 사용되는 이론들과 상담기법을 위주로 선정하였다. 유형에서 제시하는 다양한 기법들을 하나로 엮에 간략하게 소개하고 마지막으로 상담사례를 제시하였다.

실제 수업을 진행하면서 실습으로 진행되는 연습상담에서도 시작하는 것에 대한 어려움을 호소하는 경우들이 있었다. 첫 상담에서는 어떤 이야기를 하고, 침묵하거나 저항하는 내담자는 어떤 방식으로 대해야 하며, 어떤 인사를 건네고, 질문을 하고, 다음 반응은 어떻게 해야 하는지 아무리 이론적으로 공부를 해도 이해할 수 없다고 하였다. 그래서 상담기법에 대한 수업을 진행하면서 다양한 책을 사용해 봤지만, '상담기법'을 위한 책은 찾기가 어려웠다.

늘 상담이론에 부속처럼, 어딘가에 끼여있는 느낌이었다. 그래서 이 책은 초심상담자뿐 아니라 상담을 전공하는 학부생과 대학원생의 상담기법 적용 및 연습을 위한 실습서로 활용할 수 있을 것이다. 상담을 진행하는데 있어 상담기법에 대한 안내서와 같은 역할을 할 수 있기를 바란다.

책를 마무리하면서 졸업을 앞두고 있는 학생들과 현장에서 상담하는 제자들 그리고 1월 연수에 동참할 선생님들께 도움이 되었으면 한다. 이 책의 출판을 위해 정성을 모아주신 출판사에 감사드리고 편집과정에서 수고해 주신 관계자 분들께 깊은 감사를 드린다.

2020년 12월
화방산을 바라보면서 송원대학교 A동 연구실에서
집필자 백현옥

차 례

1. 상담기법의 이해

#상담 #상담기법 #전문적 기술 #전문적 활동

상담기법은 상담을 진행하는데 있어 가장 기본적이면서도 중요한 요소라고 생각한다. 많은 이론들에서도 자신들이 생각하는 상담기법을 정리하여 이야기하고 있으며, 이것은 상담기법이 이론들을 반영하는 것이라는 반증인 것으로 생각된다. 사실 분류가 상담기법으로 되어 있을뿐 실제로 내용을 살펴보면 우리가 실생활에서 사용하는 대화의 기술의 한측면으로도 볼 수 있다. 단지, 상담자가 사용을 하며 그 이후를 예측하고, 변화를 위한 디딤돌의 역할을 하도록 유도한다는데서 차이를 찾을 수 있다.

1) 상담기법의 개념

상담이란 상담자가 도움이 필요한 내담자에게 전문적 지식을 가지고 내담자 자신과 환경에 대한 이해를 증진시키며, 합리적이고 현실적이며 효율적인 행동양식을 증진시키거나 의사결정을 내릴 수 있도록 원조하는 활동이라고 정의한다. 상담은 짧은 단기로도 진행가능하지만, 수십회기에 걸쳐 지속적인 만남을 필요로 한다. 이러한 지속적 만남의 과정을 통해 상담은 시작과 전개, 종결을 맞이한다.

상담을 잘 진행하기 위해서 중요한 것은 '상담관계'이다. 상담자와 내담자의 관계는 보통의 인간관계와는 다른 특징을 갖는다. 우리가 보통 갖는 인간관계에는 태어나면서부터 갖게 되는 부모와 자식관계가 있고, 성장하면서 또래들과 맺는 친구관계가 있다. 학교에 진학하면서 갖게 되는 교사와 학생관계도 있으며, 친구관계 외에도 사랑하는 이성과 맺는 연인관계, 일을 함께하지만 친구보다는 친밀도가 낮은 동료관계 등 사람은 살아가면서 다양한 관계를 맺게 된다. 그런데 상담관계는 우리가 맺는 인간관계와는 다른 특징을 갖는다.

상담관계는 다른 관계와 구별되는 몇 가지 특징이 있다.

첫째, 상담자는 진실해야 한다. 상담자 역시 한 인간으로 자기 자신에 대한 충분한 이해가 있어야 하고, 다른 모습으로 가장하지 않는 것이 중요하다. 상담자는 자신에 대해 모든 것이 진실해야 하고, 내담자를 만날 때 역시 진실해야 한다. 전문적인 모습을 지녀야 하는 상담자가 자신의 한계를 인정하고, 자신의 생각을 용기 있게 말할 수 있어야 하며, 이러한 태도는 내담자로 하여금 자신이 존중받고 있다는 느낌을 받을 수 있어야 한다. 진실한 상담자의 모습은 상담관계를 강화하고 상담을 효과적으로 진행하는데 도움이 될 수 있다.

둘째, 상담자는 내담자의 방식에 충분히 공감하고 이해할 수 있어야 한다. 상담이라는 과정은 상담자와 내담자가 함께 길을 찾아가는 과정이라 생각한다. 내담자는 길을 잃거나 길에서 벗어나 어려움을 겪기 때문에 상담자를 찾아왔고, 상담이 진행되는 과정은 다시 길을 찾아가고, 넘어지기도 하며, 전혀 새로운 길을 탐험하기도 한다. 그리고 가끔은 상담자와 함께임에도 길을 찾기 어려워 계속 제자리를 헤매기도 한다. 상담자는 내담자와 함께 길을 찾으며, 내담자가 표현하는 모든 것에 관심을 기울이며 내담자가 표현하는 방식과 같이 생각하고 느낄 수 있도록 노력한다. 이러한 공감적인 상담자는 내담자에게 신뢰받고, 그에게 안전한 환경을 제공할 수 있다.

셋째, 상담자는 내담자에게 무조건적, 긍정적 존중을 보여줄 수 있어야 한다. 다시 말해, 내담자가 표현하는 것을 판단하지 않고, 그대로 수용하는 것이다. 단, 내담자의 가치를 무조건 수용하고 받아들인다는 의미와는 다르다. 상담자는 자신의 가치를, 내담자 또한 자신의 가치를 서로에게 존중할 뿐 서로에게 수용하도록 강요하지 않는다. 무조건적 긍정적 존중은 내담자가 상담과정에서 비난이나 비판에서 벗어나 자유롭게 자신에 대해 탐색하고 개방할 수 있는 관계를 만들어 준다.

상담관계의 독특성 이해

- 상담관계는 다시 말해 조력관계라고 표현할 수 있다. 상담자는 상담관계를 통해 내담자의 변화를 이끌어 내며, 이 변화를 위한 목표와 목적을 가진다. 또한 변화를 위해 상

담관계를 이끌어 내기 위한 전문성, 책임감, 통제력을 가지고 노력해야 한다.

- 변화는 내담자의 생각, 행동, 태도, 감정과 같은 다양한 영역에서 이루어진다. 특히 내담자가 가지고 있는 생각과 감정을 탐색하여 변화를 이끌어 낸다. 유의할 점은 내담자가 가지고 있는 가치와 욕구는 내담자가 살아온 문화적인 배경에 바탕을 두기 때문에 그에 대한 이해도 반드시 필요하다.

- 상담관계에서는 다양한 상호작용이 일어나는데, 회기가 정해져 있는 만큼 시간을 효율적으로 사용하기 위해 구조화를 반드시 진행해야 하며, 불필요한 이야기를 최소화하고, 문제를 해결하는 과정에 집중한다. 또, 상담자의 진실성과 수용력, 신뢰로움, 경청, 공감적 이해 등은 상담자가 표현해 줌으로써 나타나기는 하지만 변화를 지속하는데 충분한 것은 아니다.

기법이란 보통 물건을 만들어 내는 기술의 의미로 사용되며, 비슷한 의미로 기술, 방법, 수단, 수법, 테크닉 등의 의미로 사용되는 경우도 많다. 기법은 어떤 과정이 진행되어감에 따라 목적을 효과적으로 달성할 수 있도록 원인을 발견하고 문제점을 해결하여 결과에 도달하는 것이다.

상담기법은 상담자가 사용하는 기술로, 내담자를 상담과정에 잘 참여할 수 있도록 도와주는 역할을 한다. 또한 상담이 목표를 달성하고 효과적으로 진행될 수 있도록 상담자가 활용할 수 있는 것이며, 상담기법을 잘 활용할수록 내담자의 문제를 잘 해결하고, 상담이 진행되어가는 과정 중에서 발생할 수 있는 문제점에 대처할 수 있다. 대부분 상담기법은 상담관계를 형성하는 방법, 대화기술, 면담기술 등의 이름으로 불리고 있다. 즉, 상담기법은 상담관계를 형성하고, 상담자가 내담자에게 도움이 되는 대화를 유지하는 방법이 되고, 내담자의 치료적 변화를 도모하는 면담을 이끌어 갈 수 있도록 한다.

2) 상담기법의 유형

상담기법의 유형은 상담이 진행되는 과정에 따라 각 과정에서 더 많이 쓰이는 상담기법으로 정리하였다. 초기상담에서는 상담관계형성을 위하여 경청, 재진술, 명료화, 반영, 질문, 정보제공 및 조언 등, 내담자에게 충분한 관심을 표현하고 그가 표현하는 것들을 언어적·비언어적 내용들을 정확히 찾아내는 것이다. 중기상담에서는 심층적 공감, 요약, 직면, 즉시성, 피드백, 해석, 저항 다루기, 자기개방 등, 충분한 관계형성을 바탕으로 내담자가 자신을 더 적극적으로 이해하고 탐색할 수 있도록 돕는 것이다.

(1) 초기상담에서 주로 사용되는 기법

① **경청**: 내담자의 말은 물론, 몸짓, 표정, 음성의 변화까지 민감하게 알아차려 상담자가 표현하는 것까지를 뜻함
② **재진술**: 내담자가 말한 내용을 상담자가 다른 말로 바꾸어 기술하는 것
③ **명료화·구체화**: 내담자가 했던 말 중 불확실하거나 모호한 내용을 내담자가 확실하게 알도록 도와주는 것
④ **반영**: 내담자의 말과 행동에서 표현된 감정, 생각, 태도를 상담자가 다른 말로 바꾸어 부언해 주는 것

⑤ 질문: 내담자의 관점, 생각, 감정을 이끌어 낼 수 있는 질문

⑥ 정보제공 및 조언: 객관적인 사실을 알려주거나 교육적 성격의 정보를 제공하는 것

(2) 중기단계에서 주로 사용되는 기법

① 심층적 공감: 겉으로 표현되진 않지만 내담자의 말 속에 포함된 것을 상담자가 파악하는 것

② 요약: 내담자의 말이 길게 진행되었을 때, 상담자가 자신의 이해도를 표현하기 위해 사용되는 것

③ 직면: 내담자가 의식하지 못하거나 인정하기 거부하는 생각, 느낌, 모순점에 대해 되물어주는 것

④ 즉시성: 내담자의 사고, 감정, 행동에 대한 반응으로 상담자가 보고 관찰한 것을 드러내는 것

⑤ 피드백: 내담자의 사고, 감정, 행동에 대해 상담자가 보고 관찰한 것을 전달하는 것

⑥ 해석: 내담자가 명확하게 의식하지 못하는 것에 대해 내담자가 자신의 생각을 새롭게 생각하고 설명할 수 있도록 이해의 틀을 제시하는 것

⑦ 저항 다루기: 내담자가 표현하는 저항을 상담자는 원인을 탐색하고 수용해 주는 것

⑧ 자기개방: 상담자가 자신의 생각, 가치, 느낌, 경험 등 여러 가지 정보를 내담자에게 드러내 보이는 것

(1) 내가 생각하는 상담기법의 정의를 쓰세요.

(2) 내가 알고 있는 상담기법을 나열해 보세요.

[예시 – 각 기법별 예시에 대한 정보제공]

    A: 부모님과의 관계 때문에 고민하는 중학교 3학년 남학생

이름: A

성별: 남(16세)

가족관계: 아버지(46세, 교사, 친밀했으나 최근 갈등상황으로 멀

           어짐),

어머니(46세, 교사, 아직은 친밀하지만 엄마의 잔소리 때문에 힘들어 함)

형(18세, 고등학생, 큰 갈등은 없으나 친밀도도 높지 않음)

상담신청 사유

- 갈등의 시작은 진로문제였음.

부부교사인 부모님은 A가 현재의 성적을 유지하여 의사 또는 교직과 관련된 직업을 갖기를 바랬으나 A는 수련회 당시 인상 깊게 보았던 청소년지도사가 되기를 바람.

- A는 진로와 관련된 이야기를 피하려고 하는 상황

어머니는 첫 갈등상황 이후 지속적으로 생각을 바꾸라고 이야기함(A에게는 잔소리처럼 들림).

아버지와는 최근에 몸싸움까지 벌일 정도로 상황이 악화되어 상담심청을 하게 됨.

B: 친구와의 관계 때문에 고민하는 중학교 1학년 여학생

이름: B

성별: 여(14세)

가족관계: 아버지(42세, 편의점 운영, 친밀감이 전혀 없는 관계), 어머니(40세, 가정주부, 친밀하지만 고민을 털어 놓는 관계는 아님)

여동생(10세, 초등학생, 여동생과 매우 친밀하지만 어느 정도의 질투관계)

상담신청 사유

- 중학교로 진학한 이후 사춘기를 겪게 됨.

감정기복으로 인해 친했던 친구와 싸운 후 관계회복이 되지

못함. 싸운 친구가 주변에 싸운 이유와 B의 약점을 소문내고 다니며 관계가 더욱 악화됨.

- 무뚝뚝한 아버지, 다정하고 친밀하지만 고민을 쉽게 털어 놓지 못하는 어머니, 매우 친밀한 관계이지만 경쟁관계에 있는 여동생으로 친구관계에 대한 고민을 떨쳐내지 못하고 최근 자해를 하게 되어 상담에 연계됨.

<관계기술 평정척도>

상담자로써 내가 가지고 있는 관계 기술의 점수를 체크해보세요.

		1	2	3	4	5
자각	나의 내적 느낌을 깨닫는다.					
	내 자신에 대해서 편안하다					
	나의 공포 불안 해결되지 않는 갈등들을 깨닫는다.					
자기 개방	나의 생각을 정직하고 명확하게 표현한다.					
	나의 의사전달은 간결하고 표현적이다.					
	나의 생각과 느낌을 나누는 것에 대해 개방적이다.					
적극적 경청	다른 사람이 말하는 것에 대해서 의도적으로 경청을 하며 그들이 이야기 하고자 하는 것의 본질을 깨달으려고 애쓴다.					
	내가 들을 때 관심과 주의집중을 표명한다.					
	나의 주의집중을 방해할지도 모르는					

	내적, 외적 방해요인을 저항할 수 있다.					
반응 하기	나에게 다른 사람들이 무슨 이야기를 해도 안전하다고 지각할 것이다.					
	나는 내가 들은 것에 대한 이해를 표현할 수 있다.					
	나는 다른 사람들의 내재된 사고와 정서를 정확하게 반영할 수 있다.					
주도 하기	나는 사람들이 편안하게 느끼도록 하는 능력이 있다.					
	나는 사람들이 그들의 마음을 열게 할 수 있다.					
	나는 대화를 매끄럽게 촉진하도록 부드럽고 자연스러운 분위기를 주도할 수 있다.					
태도	나는 다른 사람들이 나와 다른 가치나 의견을 가지고 있다고하더라도 비평가적이고 수용적이다.					
	나는 다른사람들을 신뢰하며 존중한다.					
	나는 배려하며 인정이 많다.					
갈등 관리 하기	나는 사람들이 방어적으로 되지 않게 직면할 수 있다.					
	나의 역할이 어려움을 산출해내는데 대한 책임감을 수용한다.					
	나는 폭발적인 상황을 잘 관리할 수 있다.					

- 해당 질문에서 1 또는 2점을 받은 기술은 자신이 향상시킬 수 있도록 노력해야 합니다.

<상담기법에서 자주 사용되는 피드백의 특징>

상담하는 과정 중에서 피드백은 반드시 필요한 과정 중에 하나이다. 상담자는 내담자의 의견을 수용, 조언, 직면 등으로 피드백을 줄 수 있다. 상담과정에서 상담관계가 잘 형성되었거나 상담자를 신뢰하는 경우 내담자에게 피드백은 큰 영향을 줄 수 있다.

피드백의 특징은 다음과 같다.

첫째, 아무리 신뢰로운 관계에서 주는 피드백이더라도 무조건 받아들이기는 어렵다.

둘째, 내담자가 자신이 가지고 있는 자신에 대한 이미지를 벗어나는 피드백은 받아들이기 어렵다.

셋째, 피드백을 수용한다고 해서 곧바로 내면화 시키고 인정하기는 어렵다.

넷째, 내담자가 상담자를 신뢰하고 있다면, 피드백을 받아들이는 것이 조금 더 쉬워진다.

다섯째, 상담자가 차분히 피드백을 제공한다면, 내담자 역시 차분하게 피드백을 받아들일 수 있다.

여섯째, 피드백은 내용이 명확하고 구체적일수록 내담자가 받아들이고 실행하기에 더 효과적이다.

일곱째, 피드백은 짧고 명확해야 한다. 아무리 좋은 피드백도 내담자가 받아들이기에 많은 양은 적절하지 못하다.

여덟째, 피드백은 내담자가 변명할 수 있는 내용을 제시하는 것이 아니라 확인하고 고려할 수 있는 내용이어야 한다.

2. 주의집중/경청

#주의집중 #경청 #잘듣기 #언어적 #비언어적

주의집중은 대화에 있어 가장 기본적이고 필수적인 기술이라고 할 수 있다. 상담의 전반적인 과정에서 기본적으로 갖추어야 할 문제이고, 가장 먼저 선행되어야 하는 상담자의 태도이다. 상담자는 내담자에게 하는 반응, 내담자로 향해있는 몸의 방향 등을 포함한 다양한 태도와 반응으로 주의집중을 표현할 수 있다. 다시 말하면 상담자는 내담자의 언어적·비언어적 요소를 전부 읽어내는 것이 주의집중을 표현하는 방법이고, 이와 관련된 기술이 경청이다. 경청은 쉽게 말해 내담자의 표현을 집중하여 듣는 것이다. 이는 내담자가 표현하는 언어적 메시지와 비언어적 메시지를 모두 알아차리도록 노력하고 내담자의 이야기에 담긴 메시지, 생각, 감정 등을 깊이 이해하기 위해 노력하는 것을 의미한다.

상담은 아무리 전문적 지식이 뛰어난 상담자가 있어도 문제를 털어 놓을 수 있는 내담자가 없으면 이루어질 수 없다. 즉, 내담자가 잘 말할 수 있는 환경을 만들어 주는 것, 상담자가 잘 들어 주는 것이 상담의 시작이다. 도움이 되는 상담은 내담자가 자신의 이야기를 잘 말하고, 그 이야기를 통해 내담자의 문제를 파악하고 함께 할 수 있는 것에서 시작된다. 경청은 상담자가 기본적으로 갖추어야 할 핵심적인 태도이자 상담의 시작이라고 할 수 있다.

1) 주의집중과 경청의 개념

경청의 사전적 의미는 상담자가 내담자의 이야기를 온몸으로 주의를 집중하여 드는 것이라고 한다. 상담과정에서 상담자가 취해야 하는 가장 기본적이고도 중요한 태도 중 하나로, 내담자의 이야기, 객관적·주관적 사실, 내담자가 느끼는 감정, 내담자가 가지고 있는 인생 철학 등을 온 몸으로 주의를 집중한 채 듣는 것이다. 이는 이론과 유형을 넘어 가장 기본적이고도 중요한 상담자의 태도이다.

주의집중과 경청은 언어적 표현뿐 아니라 비언어적 표현까지 모두 읽어낼 수 있어야 한다. 비언어적 표현에는 내담자의 외모, 시선, 몸동작, 음성에서 드러나는 그의 의식·정서 상태를 말한다. 같은 행동도 다른 상황에서는 충분히 다르게 해석될 수 있다는 점을 인식해야 한다.

우선 상담자는 내담자의 옷차림이나 청결, 표정, 시선, 자세, 호흡, 말의 속도, 거리 및 위치 선택 등을 파악하여야 한다. 외적인 모습은 내담자의 자기관리 능력, 사회적 능력 등을 평가할 수 있다. 그러나 외적인 모습에 대한 고정관념을 가지고 평가하는 것은 바람직하지 않다. 내담자의 표정은 다양한 정보를 표현한다. 내담자의 미소는 편안한 기분을 표현하지만 말하고 싶지 않는 것에 대한 회피로도 해석될 수 있다. 내담자의 자세로는 몸이 앞으로 쏠린 상태는 관심이나 흥미를 표현하는 것이며, 뒤로 젖혀진 것은 회피를 표현할 수 있다. 이외에도 비언어적으로 표현된 다양한 요소들에 주목하여 내담자와의 의사소통을 매끄럽게 이어나갈 수 있다.

2) 주의집중과 경청의 방법과 효과

(1) 주의집중과 경청의 방법

① 주의집중 방법

상담자는 내담자의 언어와 행동에도 주의를 기울여야 하지만 자신의 비언어적 행동 역시 내담자에게 무언의 메시지를 전달하기 때문에 상담자의 신뢰서에 영향을 미치게 된다. 다시 말하면 상담자는 자신의 비언어적 반응을 인식할 수 있어야 하고, 상담효과에 긍정적인 영향을 줄 수 있는 비언어적 행동을 습득해야 한다.

SOLER 기법

- Squarely 내담자를 정면으로 바라보고
- Open 개방적인 자세를 취하고
- Lean 내담자를 향해 몸을 기울이고
- Eye contact 적절한 시선접촉을 유지하고
- Relaxed 편안하고 자연스러운 자세를 취하는 것

ENCOURAGES 기법

- Eye contact 적당한 정도의 눈 마주치기
- Nod 고개의 끄덕임을 사용
- Cultural difference 문화적 차이를 인식하고 존중
- Open stance 개방적인 자세
- Unhmm 내담자의 말을 인정하고 맞장구치는 언어 사용
- Relaxed 편안하고 자연스럽게 대하며
- Avoid 불필요한 행동과 산만한 행동을 피하고
- Grammatical style 내담자의 문법적 스타일을 맞추며
- Ear 언어적·비언어적 메시지에 모두 주목하는 제3의 귀
- Space 적절한 거리

② 경청의 방법

상담자의 경청방법은 내담자의 언어, 사고, 감정, 느낌 등 심리적 요인까지 확인할 수 있어야 한다. 내담자가 가진 삶의 문제는 내담자의 이야기를 통해 드러나고 구성된다. 내담자를 온전히 이해하기 위해서는 내담자의 문제에 대한 전문적 지식을 바탕으로 분석하고 설명하는 것보다는 내담자의 이야기에 주의를 기울여야 한다.

첫 번째 방법 : 언어적 메시지

내담자의 이야기를 통해 내담자의 경험, 생각, 행동, 감정 등을 파악할 수 있다. 또, 내담자의 이야기에서 핵심적인 메시지는 무엇인지, 어떤 관점을 가지고 있는지, 무엇이 가장 중요한지, 내담자가 이해받고 싶은 부분은 어떤 것인지 확인할 수 있어야 한다.

두 번째 방법 : 비언어적 메시지

비언어적 의사소통은 사람들이 말함과 행동하는 것, 거의 무의

식적으로 나타나서 말로 설명하지 않아도 이야기를 보충할 수 있는 것들을 말한다. 우리는 시각과 청각을 동시에 사용하여 의사소통을 하기 때문이며, 다양한 감정을 표현하는 것은 언어를 사용하는 것만으로는 아주 어려운 경우가 많기 때문이다.

비언어적 메시지를 확인할 수 있는 요소

- 내담자의 자세, 몸의 움직임, 신체적 행동(손짓이나 몸짓)
- 말할 때 짓는 표정(미소, 미간, 눈썹, 입술 등)
- 말의 높낮이, 말투나 억양, 말의 강약, 강조, 침묵 등의 음성적 행동
- 얼굴의 홍조, 창백함, 동공 같은 자율신경계에 의한 관찰 가능한 생리적 반응
- 내담자의 키, 몸무게, 안색, 건강상태 등의 신체적 특징
- 옷차림, 청결 상태와 같은 외적 상태

경청이 어려운 경우

- 초심상담자: 내담자의 말에 어떻게 반응해야 할까 고민하다가 내담자에게 집중하지 못함
- 상담자가 자신의 문제에 빠져있을 때
- 자기 생각에 골몰할 때
- 피곤하거나 몸이 아플 때
- 돕고 싶은 마음이 너무 앞설 때
- 어떻게 대답할까 궁리할 때
- 내담자와의 사회·문화적 차이가 클 때
- 상담자의 문제와 내담자의 문제가 비슷해 감정이입이 될 때

(2) 주의집중과 경청의 효과

① 상담관계 형성

상담자의 주의집중과 경청은 내담자로 하여금 상담자를 믿을만한 존재로 느끼게 하고, 상담자와의 관계를 안전하고 편안하게 느끼게 한다. 특히 아무런 관계가 형성되지 않은 상담초기의 상황에서 상담자가 내담자에게 충분히 집중하여 경청하는 태도를 보여주는 것은 내담자로 하여금 자신의 문제를 이야기 해도 안전하다고 느끼는 경험의 시작이 될 수 있다. 즉, 주의집중과 경청으로 시작된 상담관계는 이후의 진행 역시 원활할 수 있도록 돕는다.

② 내담자의 탐색 및 이야기 촉진

상담관계가 형성된 이후 내담자는 충분히 자신을 개방할 수 있다. 안전하다고 생각되는 상담관계에서의 내담자는 비난이나 비판에 대한 두려움없이 자신의 생각과 감정을 표현할 수 있다. 상담자의 주의집중은 내담자에게 '당신의 이야기를 더 듣고 싶어요.' 와 같은 느낌을 전달할 수 있고, 경청을 함으로써 내담자를 이해하고 내면에 대해 파악할 수 있게 된다.

주의집중과 경청은 내담자로 하여금 상담자가 함께한다는 것을 느끼도록 한다. 상담자와 함께 하면서 내담자는 비언어적 행동을 통해 자기 삶의 문제를 판단한다. 다시 말하면 상담자의 주의집중과 경청은 내담자에게 상담자가 함께함을 느끼게 하고, 그로 인해 자신을 표현하면서 스스로 탐색해 가는 과정으로 이끌어 간다.

3) 예시

낯선 상담실에 약간 긴장한 듯 문가에서 서성이다, 상담자의 인사에 허리를 숙여 꾸벅 인사를 하고 들어와 가장 구석진 의자에 앉는다. 상담자가 다가가 옆에 앉아도 되냐고 물어보자 당황한 듯한 표정으로 고개를 끄덕인다. 전반적인 청결도는 깨끗했으나 모든 손톱을 물어 뜯어 피가난 상처가 보였다. 가볍게 물어보는 질문에도 굉장히 긴장하거나 당황해 하는 반응을 보였으며 목소리가 굉장히 작아 상담자가 반복적으로 질문해야 답을 정확히 알아 들을 수 있었다.

B : (거의 들리지 않는 목소리) 학교 다니는게 죽을 만큼 싫어요... (침묵)

상담자 : 어떤 부분이 가장 어려울까?

B : (불안한 듯 시선이 자주 흔들리며) 친구... 왕따도 시키고... 뒷담화랑... (눈물이 살짝 맺히며 고개를 푹 숙여버린다)

Q. 예시에서 볼 수 있는 비언어적 메시지를 확인할 수 있는 요소를 적어보세요.

(1) 내가 생각하는 주의집중/경청은 무엇입니까?

(2) 비언어적 요소 중 반드시 체크해야 하는 것은 무엇입니까?

(3) 다음 문제에 제시된 반응에 대한 설명으로 적합한 것을 고르시오.

- 진로에 대한 스트레스를 호소하는 내담자가 주먹을 쥐고 큰 목소리로 빠르게 말하고 있다.

  내담자: 엄마가 잔소리하는게 너무 싫어요. 공부도 싫지만, 엄마가 잔소리를 하는 순간 모든걸 포기하고 싶을

정도라니까요.

a. 공부에 대한 스트레스로 초조하고 불안한 마음을 가지고 있다.

b. 공부에 대해 무관심하고 회피하고 있다.

c. 공부를 강요하는 어머니에 대한 분노가 폭발 직전이다.

- 최근 친구로부터 받은 마음의 상처를 호소하는 내담자가 이 야기하고 있다.

  내담자: 아무리 싸웠다고 해도, 저는 본인의 비밀도 다 지켜 주고, 다른 친구들이랑 놀지도 않고 있는데... 어떻게 제 앞에서 그렇게 행동할 수 있죠?

  상담자: 서운한 마음이 이해가 되네요.

  a. 쌀쌀 맞은 표정으로 다리를 꼬고 있는 자세

  b. 부드럽고 온화한 목소리

  c. 뒤로 젖혀진 자세로 상담실 벽을 바라보고 있음

(4) 내담자의 상황이나 반응에 대해 효과적인 경청 연습을 해보시오.

대기실 의자에 구부정하게 앉아 핸드폰 게임을 하고 있었다. 교복 상의는 채워진 단추가 없이 안의 티셔츠가 다 보였고, 교복바지는 몸에 꼭 맞게 줄여 의자에 앉아 있는 상태가 굉장히 불편해 보였고, 복숭아뼈에 겨우 오는 양말에 슬리퍼를 신고 있었다. 상담자가 이름을 부르며 인사를 하자 게임을 끄고 일어나 고개만 까딱 하는 인사를 한다. 키는 180cm가 넘는 듯하고, 어깨가 넓어 굉장히 건장해 보였다. 상담실로 들어와 의자를 가르

키자 다리를 꼬고 상체는 뒤로 젖히고 앉는다.

내담자: 학교에서 안가면 퇴학이라고 협박해서 왔거든요. 원하
        는 건 없어요(시선을 피하며). 솔직히 학교는 안가면 더
        좋죠. 답답하고, 친구들도 거의 안가는데요(상담실을 빠
        르게 훑어보며). 여기서는 잔소리 안하실거죠?

- 언어적 메시지
- 비언어적 메시지
- 상담자 반응

주의집중과 경청 관찰지

내가 생각하는 나와 내가 가깝다고 느끼는 친구·가족에게 물어 나의 평소 비언어적 의사소통에 대해 파악해 보세요.

1. 평소 내가 생각하는 나의 비언어적 의사소통은 어떤지 적어보세요.
   - 시선처리:
   - 목소리:
   - 제스처:
   - 자세 또는 태도:

2. 평소 내 주변의 사람이 느끼는 나의 비언어적 의사소통은 어떤지 적어보세요.
   - 시선처리:
   - 목소리:
   - 제스처:
   - 자세 또는 태도:

주의집중과 경청 연습 관찰지

2인 1조로 짝을 지어 평소 나누는 대화를 사용하되, 아래 제시된 내용을 포함하여 진행해 보세요.

1. 비언어적 의사소통 기법을 활용해보세요(시선처리, 제스처, 공감적 자세, 목소리).
   (1) 최대한 비언어적 의사소통을 사용하지 않는 경우

   (2) 최대한 비언어적 의사소통을 사용하는 경우

2. 어떨 때 더 경청받는 느낌이었는지, 어떤 기분이었는지 쓰시오.

3. 상대방에 대한 피드백을 쓰시오.

(1) 본인의 생각 작성

(2) 비언어적 메시지를 확인할 수 있는 요소

내담자의 자세, 몸의 움직임, 신체적 행동(손짓이나 몸짓)

말할 때 짓는 표정(미소, 미간, 눈썹, 입술 등)

말의 높낮이, 말투나 억양, 말의 강약, 강조, 침묵 등의 음성적 행동

얼굴의 홍조, 창백함, 동공 같은 자율신경계에 의한 관찰 가능한 생리적 반응

내담자의 키, 몸무게, 안색, 건강상태 등의 신체적 특징

옷차림, 청결 상태와 같은 외적 상태

(3) －c

　－b

(4)

언어적 메시지: 학교의 지시에 의해 특별교육으로 상담실에 온 것이고, 상담에 기대하는 바는 없다. 학교에 안가면 좋고, 답답하고 안가는 친구들이 많다. 잔소리는 듣고 싶지 않다.

비언어적 메시지: 대기실에서도 핸드폰게임을 하고, 고개만 까딱이는 인사하는 모습은 상담의 동기가 강제적이고 현재 불만

을 표현하는 것으로 볼 수 있다. 상담실에 들어와서도 상체를 뒤로 젖히고 다리를 꼬고 앉는 모습 역시 상담에 대해 협조적이지 않은 것이라고 볼 수 있으며 학교 선생님에 대해서도 부정적인 느낌이 강하다. 학교를 다니지 않는 친구들도 많다고 이야기 했지만, 일부러 화제를 돌리는 듯한 모습, 학교 안다니면 되죠.라고 이야기했지만 상담실까지 온 것을 보았을 때, 학교를 다니는 것에 대한 미련이 남아 있음을 알 수 있다.

상담자 반응: 내담자의 행동이나 말투에 정서적 반응을 표현하지 않도록 하며, 비판적 판단은 최대한 자제한다. 특히 자발적으로 온 것이 아님에도 온 것에 대한 존중과 칭찬, 불만족스러울 수 있다는 것을 존중하며 진지한 태도로 주의집중하도록 한다. 현재 불만을 표현하고 있기 때문에 적당한 거리를 유지하며, 얼굴의 표정, 눈빛, 제스처 등에서 거부감이 느껴지지 않도록 유의한다.

3. 재진술

#내담자의 이야기 #핵심 #의미 #요약

상담을 진행하는데 있어, 내담자의 이야기는 매우 중요하다. 특히 상담자가 정확하게 핵심을 찾아내고 의미를 파악하는 것은 상담관계를 촉진시키고 내담자가 더 깊은 이야기를 풀어내는데 거부감을 줄여주는 역할을 하게 된다. 또한 내담자로 하여금 자신의 이야기를 요약하여 다시 들어 봄으로써 자신이 오해를 했거나 상황별로 맞지 않는 내용들이 있음을 알아차리게 될 수도 있다.

물론, 초심상담자들이 곧바로 사용하기에는 어려울 수 있다. 내담자의 이야기를 잘 경청하고 곧바로 핵심을 찾아내는 것은 매우 어려운 일이기 때문이다. 경청이 잘 이루어진다면, 내담자의 언어적·비언어적 메시지를 통해 내담자의 이야기의 내용뿐만 아니라 속에 있는 메시지까지 파악할 수 있을 것이다. 표현된 메시지와 표현되지 않은 메시지를 이해했음을 전달하거나 핵심을 전달하는 것, 이것을 재진술이라고 이야기 할 수 있다.

1) 재진술의 개념

재진술은 단순히 내담자가 말하는 내용을 이해했음을 표현하는 것이 아니라 내담가 표현하고 싶은 의미를 파악하고 그에 대한 정확한 사실을 내담자에게 되돌려주는 적극적인 방법이다. 자신이 생각하고 느끼고 경험한 것들을 명료하게 풀어내는 내담자는 거의 없다. 그렇게 때문에 상담자는 내담자가 가지는 문제가 무엇인지, 문제의 원인과 그로 인한 어려움은 어떤 것들이 있는지, 그 어려움 속에 생각이나 감정상태는 어떠한지 스스로 깨달을 수 있도록 도와주는 역할을 해야 한다. 그렇기에 재진술로 내담자가 자신이 한 이야기들을 돌아보는 과정이 필요한 것이다.

재진술은 대화의 '내용'에 중점을 둔다. 상담자는 내담자가 이야기한 여러 가지 내용을 하나의 초점으로 헷갈리는 내용을 명료화한다. 재진술의 방법은 내담자의 이야기 내용이나 의미를 반복, 부연, 요약하여 구체적이고 명확하게 표현하여 주는 것이다. 이때 내담자의 언어를 그대로 반복할 수도 있고, 의미가 달라지지 않는 선에서 상담자의 언어를 사용하게 될 수도 있다.

상담자의 재진술을 통해 내담자는 자신의 이야기를 객관적이고 신중하게 돌아볼 수 있는 기회를 갖게 되며, 새로운 관점을 갖게 되고, 새로운 이해에 도달할 수 있다. 자신의 이야기를 타인의 입을 통해 듣는 과정은 자신의 문제를 객관적으로 볼 수 있는 토대가 되고, 자신의 입장에서는 볼 수 없었던 여러 오해와 오류들을 파악할 수 있는 기회를 제공한다. 이를 통해 상담이 상담자가 끌고 가는 단순한 교육적 과정이 아닌 내담자가 능동적으로 참여할 수 있게 끔 도와주게 된다.

(1) 재진술의 유형

재진술은 내담자에게 초점이 맞추어져야 한다. 내담자가 중요시 여기거나 정말 우려하는 부분을 놓치지 않고 반영할 수 있어야 하기 때문이다. 즉, 재진술을 할 때 상담자는 자신의 생각이나 감정에 대한 언급을 자제하고, 내담자의 이야기를 어떻게 이해했는지를 반응해야 한다.

재진술의 유형은 다음과 같다. 재진술을 상담의 목적에 맞게 잘 활용한다면 내담자의 이야기를 구체화하여 잘 이해할 수 있을 것이다.

① 이야기 재진술

내담자의 이야기를 그대로 표현하는 방법이다. 상담자가 이해한 내용이 정확한지 확인할 때 주로 사용하고, 내담자의 이야기를 더 깊이 있게 확인하고자 할 때 사용한다. 재진술 내용에는 정확한 공감의 표현이 드러나는 것이 좋고, 상담자의 생각이나 감정이 담기지 않도록 한다.

② 의미 재진술

내담자의 말을 상담자의 말로 바꾸되 의미가 변하지 않도록 표현하는 방법이다. 즉, 내담자의 말에 담긴 의미를 정확히 이해했다는 것을 반영하는 것이면서도 그 의미에 초점을 맞추게 된다. 또, 상담자가 정확한 의미를 파악했는지 확인하거나 확인된 의미에 대해 더 많은 이야기를 하도록 할 때 사용된다. 의미 재진술 역시 정확한 공감적 표현이 드러나는 것이 좋고, 상담자의 말로 바꿀 때

의미가 변화되지 않도록 주의한다.

③ 초점 맞추기

내담자를 한가지 내용이나 주제로 집중시키는 방법이다. 내담자가 횡설수설하는 경우, 중요한 점을 파악하지 못하고 주제가 분산되거나 확산되는 경우에 사용할 수 있다. 이 방법은 내담자가 중요한 점을 명료하게 파악하는 것에 중점을 두고, 실제보다 과장된 의미부여를 하는 것을 방지하는 효과를 확인할 수 있다.

④ 요약하기

요약하기는 세 가지 방법으로 나눌 수 있다. 첫 번째는 내담자가 했던 이야기를 간략하게 제시하는 방법, 내담자가 했던 이야기 중 중요한 내용을 선택적으로 제시하는 방법, 이득과 손실을 정리해주는 방법이 있다. 요약은 내담자의 이야기에서 핵심정보를 수집할 수 있도록 도와주며, 내담자에게는 생각을 정리할 수 있는 기회를 제공한다. 또, 다양한 이야기 중에서 중요한 주제들을 체계적으로 통합하는 역할을 할 수 있으며, 특정부분에 주의를 집중시키고, 상담방향을 모색하는 목적을 가지고 있다.

2) 재진술의 방법과 효과

(1) 재진술의 방법

재진술은 내담자가 감정에 대한 표현을 두려워하는 경우, 상담자가 내담자의 이야기를 이해했음을 확인받는 경우, 그 이야기를 더 하게 유도할 필요가 있는 경우, 내담자의 이야기가 횡설수설하여 요약이 필요한 경우, 상담의 방향이 일관성을 갖게 해야 하는 경우에 사용할 수 있다.

사용 방법으로는 내담자의 이야기 속 주제나 의미를 반영하는 것이 중요하다. 이때, 내담자의 이야기를 단순히 반복하거나 상담자의 의견, 감정들을 덧붙이거나 내담자가 말한 의미를 바꾸지 않도록 해야 한다. 중요한 것은 내담자의 이야기 속에서 중요한 것들을 잘 찾아내고, 체계적으로 요약, 반영하는 것이다.

다음은 상담자가 사용할 수 있는 재진술의 형식이다.

상담자: 제가 이해한 바로는 ~입니다.

저에게는 마치 ~처럼 들리는 군요.

~는 아닌지 궁금하네요.

그부분에 대해서 저는 ~라고 생각합니다.

당신은 ~라고 생각하고 있군요?

또한, 재진술을 효과적으로 하기 위해 고려해야 할 사항이 있다.

첫째, 내담자가 이야기한 내용 중에서 가장 잘 표현된 내용이나 중요하게 생각하고 있는 주제를 찾아내야 한다. 이때 내담자가 알아차리지 못한 주제에 초점을 맞추는 것이 바람직하다.

둘째, 내담자의 이야기에서 핵심적인 내용을 파악해야 한다. 상담자는 내담자가 무엇을 말하고 싶은지를 알아차리는 것이 중요하다.

셋째, 내담자의 이야기에 표현된 주된 의미를 보충하여 설명한다.

넷째, 내담자의 이야기 중 가장 중요한 주제에 초점을 맞추어 짧고 간결하게 요약하여 표현한다. 이러한 방법은 내담자에게 스스로 중요한 것을 파악하고, 주제에 대한 깊은 탐색을 도와준다.

다섯째, 요약은 적절한 시기와 내용의 간결함과 정확함이 중요하며, 내담자로 하여금 문제를 정리하고 통합하게 한다.

(2) 재진술의 효과

위에서 살펴보았듯 재진술은 내담자가 자신이 했던 이야기를 되짚어가며 그 내용에 대해 생각해보고 탐색하는 과정을 도울 수 있다. 이 과정에서 자신이 했던 이야기에 더 많은 내용 또는 깊이 있는 내용을 계속해서 이야기할 수 있도록 촉진시키는 효과도 확인할 수 있다. 또, 내담자가 스스로에게 또는 자신의 문제에 초점을 맞추어 유지시킬 수 있는 장점도 가지고 있다.

재진술의 효과를 정리하면 다음과 같다.

① 상담자가 온전히 자신의 이야기를 들어준다는 것으로 내담자와의 신뢰관계 형성에 도움을 줄 수 있다.

② 상담의 방향을 일관성 있게 잡아갈 수 있다.

③ 상담자가 내담자에게 주의집중하여 이해하려 노력하고 있음을 보여준다.

④ 내담자의 이야기를 잘 이해했는지 확인할 수 있다.

⑤ 내담자의 생각을 구체적으로 정리해 볼 때는 요약을 제공할 수 있다. 이때 제시되는 요약은 간결하고 정확하며, 적절한 시기가 존재한다.

3) 예시

A: 진짜 쫓아다니면서 잔소리하는 데 진짜 미쳐버리겠어요. 어제는 저한테 실망했다고 말씀하시는거 있죠? 그러면서 소리 지르시는데... 와 미쳐버리겠더라구요.

상담자: 실망했다는 이야기 들을 때는 어떤 생각이 들었어요?

A: 또 시작이구나? 늘 그런식인데, 진짜 변하는게 없어요. 제가 상담받잖아요? 그것도 결국 자기 편하려고 하는거죠 뭐.

상담자: 어머니가 하는 잔소리에 대해서는 어떻게 생각하고 있었어요?

A: 자기 편하자고 하는 거죠. 말은 널 위한거야 너 때문에 하는 얘기야 하지만요.

상담자: 어머니가 위선자처럼 느껴지는군요.

Q. 예시에서 확인할 수 있는 재진술을 찾아 작성해보세요.

(1) 내가 생각하는 재진술은 무엇입니까?

(2) 재진술을 할 때 주의해야 할 점은 무엇입니까?

(3) 다음 문제에 제시된 반응에 대한 설명으로 적합한 것을 고르시오.

- 30대의 남성 내담자가 시간을 갖기를 원하는 여자친구에 대해 이해되지 않는 마음을 이야기하고 있다.

  내담자: 자기에게 시간이 필요하대요. 권태기 같다나... 서로를 더 사랑하게 될 수 있는 방법이라면서 이야기하

는데 진짜 무슨 이야기 인지 하나도 이해가 안되는 거예요. 어떻게 해야 할지를 전혀 모르겠어요. 결혼 이야기가 나와서 그런건지, 부담을 느끼거나 그럴 수 있다고는 생각해요.

a. 안좋은 상황이네요.

b. 혼란스러운 감정이겠군요.

c. 여자친구와 시간을 갖게 된 상황이 이해가 잘 되지 않는군요. 혹시 결혼이 문제일지도 고민하는 것 같네요.

- 타지에서 올라온 대학교 1학년생인 내담자가 자신이 소외되고 있는 상황에 대해 말하고 있다.

    내담자: 아무래도 우리과는 ○○ 출신이 많아서 저를 안좋아 하는 것 같아요. 공감할 수 있는 정서가 없다고 해야 되나? 뭘해도 같이 안하고 자꾸 따돌리는 것 같아요. 얼마전에 조별 발표를 짜는데, 저 혼자 남아서 완전 쪽팔렸잖아요.

    a. 타지에서 온 것 때문에 학교생활에 영향을 받고 있다고 알고 있네요?

    b. 조별과제 팀에는 들어갔어요?

    c. 성적에 영향을 미치니 짜증나겠어요.

(4) 내담자의 상황이나 반응에 대해 재진술 반응 연습을 해보시오.

> 내담자: 전 화 안내고 싶은데 자꾸 건들잖아요, 진짜 짜증나게. 나좀 내버려두면 안되나요?

– 재진술 반응

> 내담자: 제 기억에는 단 한번도 우리 가족이 화목했던 적이 없
> 어요. 도장찍고, 딱 한달 있다가 헤어지게 되셨는데, 그
> 게 일주일 전이거든요. 전 그래서 아빠랑 살기로 했구
> 요. 근데 이 일주일이 저한테는 제일 행복했던 시간 같
> 아요.

– 재진술 반응

재진술 반응 실습 관찰지

사례는 A, B 중 선택하며 3인 1조로 상담자, 내담자, 관찰자로 역할을 정한다.

상담자: 내용에 초점을 맞추어 내담자의 이야기를 요약, 부연하는 연습
내담자: 상담자가 잘 진행할 수 있도록 정보를 제공
관찰자: 연습상담을 관찰하며 재진술 반응 관찰지를 작성하고, 내용을 메모

1. 사용했던 재진술의 내용을 적어보세요.

2. 상담자 반응 중에서 보완할 점을 적어보세요.

(1) 본인의 생각 작성

(2) 재진술을 할 때 주의할 점
    상담자가 내담자의 의도를 바꾸어 표현하지 않도록 한다.

(3) ― c
    ― a

(4) 다른 사람들이 너를 화나게 만든다고 생각하는군요.
    부모님의 이혼이 오히려 더 낫다고 생각하는 것 같네요.

4. 명료화

#명확한 내용 #구체적 #내용확인 #정확한 이해

내담자들은 대부분 자신이 무슨 이야기를 하는지 이해하지 못하고 진행하는 경우들이 많다. 명료화는 내담자들의 이야기가 명확하지 않은 경우들을 더 구체적인 내용으로 풀어서 이야기하도록 유도하는 방법으로 내담자가 하는 이야기의 함축된 내용이나 의미를 파악하고 자신의 이야기를 돌아볼 수 있는 기회를 제공한다.

내담자는 자신의 감정이나 생각을 이야기 하고 싶어도 적절한 표현을 찾지 못하거나 횡설수설 해버리거나 여러 가지 주제를 동시에 이야기하기도 하고, 이야기를 꺼냈지만 마무리하지 못하고 말을 마치는 경우들이 많다.

이와 같은 경우에 명료화는 내담자가 자신이 하는 이야기를 구체적으로 표현할 수 있도록 도와주며 동시에 내담자에게는 실제 감정을 인식할 수 있도록 도와주는 역할을 하게 된다.

1) 명료화의 개념

명료화가 필요한 경우는 다양하다. 대표적인 예시로는 내담자가 생각이나 감정을 잘 정리하지 못한 상태일 때가 있다. 상담을 진행하다 보면 감정이 격해지거나 다양한 문제들이 뒤엉켜 자신이 표현하고 싶은 문제를 제대로 보지 못하는 경우들이 있다. 또, 자신이 느끼는 감정에 대한 명확한 언어를 찾기 어려운 경우도 예로 들 수 있다.

대부분의 사람들은 자신이 경험한 상황들을 종합하고, 일반적이고 추상적으로 요약하여 이해한다. 내담자들 역시 자신들이 경험한 것들을 일반적이고 추상적으로 이야기 하게 되며, 상담자는 그 내용을 명확하게 표현할 수 있도록 이끌어 주어야 한다. 이런 과정을 통하여 내담자는 자신의 생각, 감정, 경험을 명확하게 이해하고 표현할 수 있게 된다.

명료화는 상담자가 함께하는 방법과 내담자가 스스로 깨닫는 방법으로 나눌 수 있다. 내담자가 스스로 깨닫는 것은 다양한 주제로 이야기를 진행하면서 생각, 감정, 문제 등을 명료화할 수 있다. 상담자가 함께 하는 방법은 내담자가 하는 이야기에서 애매하거나 함축적으로 표현된 내용을 파악하여 질문, 해석, 요약, 재진술, 감정반영 등을 통하여 명료화 시킬 수 있도록 도와주는 것이다. 이때, 명료화는 바로 해석해주는 것보다 내담자의 감정에 반응하는 것이 중요하다. 즉, 내담자의 경험에 민감하게 반응하고 전달하는 것이 중요하다. 이는 내담자로 하여금 상담자에게 온전히 받아들

여지고 있다는 느낌을 받을 수 있을 것이다.

2) 명료화의 방법과 효과

(1) 명료화의 방법

명료화를 하는 방법은 질문, 내용반영, 감정반영, 해석, 요약 등 다양한 기법이 있다. 여기에서는 기법들을 제외하고 명료화를 실제로 하는 방법을 확인해 보고자 한다. 명료화에서 가장 대표적인 것으로는 '문제명료화'를 들 수 있을 것이다.

문제명료화란 상담과정 중에서 내담자가 겪는 어려움 중 상담에서 다루게 될 문제를 찾아내는 것이라고 설명할 수 있다. 내담자의 문제를 명료화함으로써 자신의 문제나 결점 등 부정적 측면에 초점을 맞추어 에너지를 낭비하지 않게 도와준다. 문제명료화를 잘 하게 된다면 부정적인 측면과 더불어 내담자의 욕구나 소망 등을 반영한 명료하고 새로운 내담자의 긍정적 측면에 초점을 둔 상담 목표를 설정하게 된다.

문제 명료화를 하는 과정을 구체적으로 살펴보면 다음과 같다.
첫째, 내담자가 호소하는 내용과 그 의미를 요약한다.
둘째, 문제와 관련된 신체, 정서적 증상을 파악한다.
셋째, 문제가 발생하게 된 원인을 탐색한다.
넷째, 문제 상황을 정리한다.
다섯째, 상담에서 다루게 될 문제를 구체화 한다.
여섯째, 문제들간의 우선순위를 정하거나 주요 문제를 선택한다.

일곱째, 문제와 관련된 목표를 설정한다.

(2) 명료화의 효과

내담자는 정확한 생각, 느낌, 경험을 인지하는 것으로 문제 해결책을 강구할 수 있기 때문에 명료화는 실행지향적이어야 한다. 명료화의 내용에는 내담자 애매한 내용을 구체화하는 것, 내담자가 표현하기 어려운 생각이나 감정을 구체화하는 것, 내담자가 가지는 문제를 구체화하는 것등이 있다. 초기상담에서 명료화의 가장 큰 효과는 내담자가 호소하는 문제를 명료화하는 과정에서 내담자가 호소하는 문제와는 다르게 나타나는 문제가 있을 수 있다.

또한, 명료화가 과하게 요구될 경우 내담자는 부담감과 위협감을 느낄 수 있다는 것을 명심하여야 한다.

3) 예시

> B: 음... 그친구도 알고 있을 것 같긴해요. 내가... 어떤 문제를 가지고 있고, 그게 오래전부터 저를 힘들게 하고 있다는 사실요. 내가 말하는 뜻은 다른 사람들은 다 쉽게할 수 있는 건데... 전 어렵다는 얘기예요. 특히나 걔가 그런식으로 다 얘기를 하고 다녔으니까...
>
> 상담자: 지금 말하고 있는 것도 굉장히 힘들어 보이네요. 그런데 이야기 중에 걔가 그런식으로 라는 내용이 있는데 그 부분을 설명해줄 수 있을까요?
>
> B: 저랑 나눴던 대화 중에... 그 무리애들이 싫어할...? 불쾌해할 말들만 골라서요... 전 진짜, 그땐 친하니까 했던 건데...

> 너무 억울하고... 속상해요...
> 상담자: 전에 그 친구랑 했던 뒷담화를 말하는 건가요?

Q. 예시에서 확인할 수 있는 명료화 반응을 다른 표현으로 제시하세요.

(1) 내가 생각하는 명료화는 무엇입니까?

(2) 문제를 명료화하는 과정을 설명하세요.

(3) 다음 문제에 제시된 반응에 대한 설명으로 적합한 것을 고르시오.

• 함께 자취를 하게 된 친구와 청소와 관련된 문제로 갈등이 생긴 대학교 3학년 여학생이 짜증섞인 목소리로 말한다.

내담자: 처음 같이 살기로 했을 때는 이렇게까지 더러운지 몰랐죠. 같이 살고 보니까 진짜 청소를 안하더라구

요. 다 얘기했더니 저가 예민한 것처럼 대하니까 저만 이상한건지 싶기도 해요.

a. 청소를 업체에 맡기는건 어떨까요?

b. 지금 혼란스러워하고 있군요. 한편으론 청소를 안하는 친구가 짜증나면서도, 다른 한편으론 예민한 것 같아 내가 이상한가 싶군요.

c. 친구와 인연을 끊고 싶은건가요?

- 친구들에게서 소외를 당하고 있는 중학교 1학년 남학생이 눈물을 보이며 말한다.

  내담자: 애들이 저를 싫어해요. 축구도 안껴주고, 뭘 물어봐도 대답도 잘 안해줘요.

  a. 네 친구들이 너에게 어떻게 하고, 그러는 친구에게 너는 어떻게 하는지 이야기 해줄 수 있나요?

  b. 그 나이 때는 누구나 겪을 수 있는 일이죠.

  c. 사람은 혼자사는 법이죠.

(4) 내담자의 상황이나 반응에 대해 효과적인 명료화 연습을 해 보시오.

직장생활을 하는 40대 남성 내담자가 직장 분위기에 대해 이야기한다.

내담자: 내가 맡은 업무가 아닌데 자꾸 업무를 줍니다. 해내지 못하면 해고 되겠죠. 어떻게 해야 할지 모르겠습니다. 해고 되고나면 재취업이 가능할까요? 하지만 그 일을 하려다 내가 맡은 업무도 제대로 하지 못할 것 같습니다.

전문적 구체성의 5수준

수준 1: 상담자는 상대방의 문제에 대해서 오직 추상적이고 일반적인 수준에서 반응을 보인다. 상담자는 문제상황과 관련된 상대방의 감정, 경험, 행동에 대해서는 논의하려는 시도를 전혀 하지 않는다.

수준 2: 상담자는 문제 상황과 관련된 상대방의 감정, 경험, 행동에 대해서 언급하기는 하나 언급이 모호하고 추상적인 수준에서 이루어 진다.

수준 3: 의사소통자는 상대방으로 하여금 문제상황과 관련된 자신의 감정, 경험, 행동을 구체적으로 표현하게 하고 이들이 충분히 구체적이고 충분이 구체적이고 명료하게 논의되지는 않는다.

수준 4: 의사소통자는 상대방으로 하여금 문제상황과 관련된 상대방 자신의 감정, 경험, 행동을 구체적으로 표현하게 하고 이들이 충분히 구체적이고 명료하게 논의되도록 의사소통을 이끌어 나간다.

수준 5: 의사소통 과정에서 문제상황과 관련된 상대방 자신의 감정, 경험, 행동이 아주 충분히 구체적으로 명료하게 논의되어지고 의사소통자는 상대방의 긍정적 변화를 위하여 깊은 수준의 탐색을 적극적으로 촉진한다.

(1) 본인의 생각 작성

(2) 첫째, 내담자가 호소하는 내용과 그 의미를 요약한다.

둘째, 문제와 관련된 신체, 정서적 증상을 파악한다.

셋째, 문제가 발생하게 된 원인을 탐색한다.

넷째, 문제상황을 정리한다.

다섯째, 상담에서 다루게 될 문제를 구체화 한다.

여섯째, 문제들간의 우선순위를 정하거나 주요 문제를 선택한다.

일곱째, 문제와 관련된 목표를 설정한다.

(3) —b

   —a

(4) 당신의 업무가 아닌데, 그 일을 떠맡게 되어 곤란하겠습니다. 그 일이 어떤 일인지 궁금하군요. 또, 그일이 왜 당신을 곤란하게 만들 것같다 생각하는지 궁금합니다.

5. 반영

#감정 #감정단어 #감정표현 #감정치유

상담실에 찾아오는 내담자는 불안하거나 우울하거나 고통스럽거나 괴로운 우리가 생각하기에 모든 부정적인 감정들을 가지고 온다. 내담자들은 자신이 느끼고 있는 감정들을 무시하고 억누르며, 부정하거나 왜곡하기도 하며, 폭발적으로 표현하기도 한다. 결국 상담실을 찾은 내담자는 이러한 감정으로 고통스럽고 벗어나고 싶다고 이야기할 것이다. 결론적으로 내담자의 감정과 느낌을 다루는 것, 그 방법이 상담에서 사용하게 될 방법이 되고, 그 과정이 상담의 과정이 될 것이다.

반영은 감정에 대한 재진술이라고 표현할 수 있으며, 감정이 주는 장점을 활용하여 내담자의 감정에 대한 정확한 인지와 수용할 수 있는 기회를 제공한다. 감정과 행동은 연결되어 있고, 내담자의 경험에서 일어나는 것이기 때문에 감정에 대한 반영은 내담자가 표현하는 말의 내용과 비언어적 행동을 파악함으로써 이루어진다고 본다. 감정을 반영할 때 감정에 주목하고 그 감정을 느낀 이유에 대해 잠정적 또는 명확하게 표현해야 한다.

1) 반영의 개념

내담자는 자신의 감정을 정확하게 인식하지 못하거나 수용하기 어려워한다. 수용하기 어려워하는 경우는 감정의 느낌이 부정적이거나 표현하는 것이 부정적인 경우들이 많다. 더구나 경험하는 대부분의 감정은 주관적이기 때문에 혼자만 느끼는 감정일까봐 두려워하는 경우들도 있다.

반영은 어떤 감정이든 가능하다. 그것이 긍정적이거나 부정적, 상반되는 감정이어도 상관없다. 또 대상이 자기 자신, 상담자, 다른 사람, 상담과정 또는 그 무엇이 되어도 반영을 하고 확인하는 것이 중요하다. 특히 상담과정에 대한 감정은 상담에 방해가 될 때 확인을 하는 것이 중요하고, 내담자가 감정을 회피하거나 이야기를 힘들어 할 때 사용해주면 효과적이다.

반영을 사용할 때 감정을 파악하는 방법은 내담자의 언어적·비언어적 표현을 모두 확인해야하고, 상담자는 다양한 감정 단어를 사용하여 표현해야 하며, 내담자의 표면적 감정과 내면적 감정을 모두 파악할 수 있도록 노력해야 한다. 내담자가 느끼는 감정은 적절한 표현을 사용하여 명료하게 표현될 수 있어야 하며, 여러 가지 감정이 뒤섞여 있는 경우 그 감정 모두를 반영해 주어야 한다. 단순히 내담자의 감정을 반복적으로 표현하는 것이 아니라 비슷한 감정을 표현할 수 있는 단어로 반영되어야 하며, 현재의 감정에 초점을 두어야 한다.

이러한 긍정적 반영을 사용할 때에도 유의해야 할 점이 있다.

첫째, 내담자가 순간적으로 너무 많은 감정을 표현하는 경우, 내담자는 자신의 감정을 받아들일 준비가 되지 않은 상태로 볼 수 있다. 감정표현을 어려워하거나 서툰 경우들이 많기 때문에 이런 경우에는 반영을 사용하지 않는 것이 좋다.

둘째, 내담자가 감정에 압도된 경우, 반영보다는 이완을 할 수 있도록 도와주며, 감정을 조절, 통제할 수 있도록 하는 것이 중요하다.

셋째, 내담자는 자신이 경험한 감정보다 상담자의 반영을 더 믿을 수 있다. 그렇기 때문에 내담자가 느끼는 감정을 정확하게 표현하지 못할 경우에는 사용하지 않는 것이 좋고, 또, 내담자의 감정을 모두 알고 있다는 듯한 태도는 좋지 못하다.

넷째, 감정을 표현하는 방식은 성별, 문화, 사회적 분위기에 따라 차이가 있음을 인지해야 한다.

2) 반영의 방법과 효과

(1) 반영의 방법

반영은 내담자의 감정을 파악하는 것뿐만 아니라 어떻게 표현하는가가 중요하다. 상담자는 내담자의 이야기 중에서 표현되는 감정이나 내담자가 인식하지 못하더라도 상담자가 이해하는 감정에 대해 표현해 주는 것이 중요하다.

효과적인 반영은 내담자가 이야기하거나 비언어적 표현으로 드러낸 감정 혹은 메시지를 확인하여 요약, 정리한다. 그 의미는 간결하고 정확해야 하며, 상담자가 고른 감정단어가 내담자의 실제 감정 상태와 일치해야 한다. 결과적으로 반영은 내담자의 감정을 최대한 명료하게 표현해주는데 있다.

다음은 반영을 할 때 사용하는 구체적인 방법이다.

① 내담자의 감정을 확인한다.

감정을 확인할 때에는 내담자의 이야기뿐 아니라 비언어적 표현 방식에 모두 집중하여 내담자가 느끼는 가멍이 무엇인지 확인한다.

② 중요한 감정을 선별한다.

내담자는 수많은 감정을 느낄 수 있기 때문에 그 중에서도 가장 강력하고 직접적인 감정을 선별하기 위해서 내담자가 표현하는 것에 집중해야 한다.

③ 현재 감정에 초점을 둔다.

상담에서 중요한 것은 지금-여기에 머무는 것이다. 내담자가 겪었던 경험에 대한 현재의 감정을 정확하게 표현할 수 있도록 도와야 한다.

④ 감정의 수준을 구별한다.

내담자의 감정을 정확하게 표현하는 것뿐 아니라 내담자의 실제 감정 종류를 정확하게 표현했다면 강도도 확인해야 한다. 강도는 '매우', '약간' 등의 강도를 사용하여 표현해야 한다.

⑤ 가정적으로 감정을 표현한다.

- 당신은 ~을 느끼는 것처럼 보입니다.
- 당신은 ~ 때문에 ~를 느끼는 것 같군요.
- 내가 파악하기에는 당신은 ~를 표현하는 것 같습니다.

상담자가 감정을 명확하게 표현한다면 내담자로 하여금 자신의 내면적 탐색을 방해할 수 있기 때문에 상담자는 가정적으로 표현하여 내담자가 자신에게 관심을 기울이고 탐색을 촉진할 수 있도록 한다.

(2) 반영의 효과

반영을 사용하는 이유는 크게 세 가지로 압축될 수 있다.

첫 번째 효과는 감정의 명료화이다. 감정의 언급은 내담자로 하여금 감정을 명료화하는 기회로 제공된다. 현실에서 우리는 감정을 표현하고 수용받는 기회가 많지 않기 때문에, 상담자가 수용해 주는 기회를 통하여 자신이 느끼는 감정을 명확하게 느끼고, 자신의 감정을 다시 경험할 수 있게 된다.

반영은 내담자가 자신이 느끼는 감정에 대한 적절성에 대한 고민할 기회를 제공하기도 한다. 상담자를 통해 듣는 감정은 자신을 객관화할 기회를 제공하기도 한다. 감정에 대한 명료화를 위해서는 상담자가 내담자의 언어와 유사한 단어를 사용해줌으로써 명확하게 느낄 수 있도록 도와준다. 이는 내담자의 감정이 명확하게 표현되지 않거나 복합적인 경우에도 사용될 수 있다.

두 번째 효과는 상담주제의 유지이다. 내담자는 감정의 원인이 되는 경험에 대해 탐색해 보고 관련 주제에 대해 더 확인할 수 있는 효과를 제공하기도 한다. 특히 내담자가 다양한 감정을 표현할 때 상담자가 특정 감정에 초점을 맞춤으로써 관련된 내용을 유지할 수도 있다.

세 번째 효과는 공감이다. 내담자의 감정을 반영해주는 것은 내담자로 하여금 공감받고 있다는 느낌을 줄 수 있다. 공감을 위한 반영은 내담자가 이해받고 있음을 느끼게 하여 좋은 감정을 느낄 수 있게 하여 상담관계가 더 돈독해질 수 있다.

공감은 내담자의 감정 중 겉으로 드러나는 표면적 감정을 공감하는 표면적 공감과 표현되지 않은 감정까지 파악하여 표현해주는 심층적 공감으로 나눌 수 있다. 심층적 공감은 내담자가 스치듯 이야기하거나 약하게 표현한 것, 작은 부분까지 파악하여 순간적인 상황에 맞게 표현해주는 것을 말한다.

3) 예시

A: 엄마가 저를 쫓아다니면서 잔소리하고, 아빠는 막 화내고 소리지르고... 아빠가 왜 그렇게까지 하는지 모르겠어요.

상담자: 그런 아빠의 모습을 보면서 어떤 기분이었죠?

A: 어이도 없고, 화도 나는데 겁도 났어요.

상담자: 아빠의 화내는 모습이 화도 나는데 겁도 났다는 얘기네요?

A: 네. 제 진로 선택이 그렇게까지 화내야 하는 일인가 싶네요.

Q. 감정 반영 반응을 찾고, 다른 질문으로 바꾸어 표현해보세요.

(1) 내가 생각하는 반영은 무엇입니까?

（2) 반영을 사용할 때 유의점을 작성하세요.

(3) 다음 문제에 제시된 반응에 대한 설명으로 적합한 것을 고르시오.

• 내담자가 최근 큰 일을 겪은 친구에 대해 이야기 하고 있다.
  내담자: 연락을 받아주지 않아요. 자꾸 신경쓰이고 걱정되서
          뭐라도 해주고 싶은데... 이러니 저 정말 일도 손에
          안잡혀요.
  a. 관심
  b. 우울감

c. 상실감

d. 무능감

- 이혼한 내담자가 전남편에 대해 이야기 하고 있다.

    내담자: 애들은 자꾸 커가고, 이거 해달라 저거 해달라 하는데... 양육비를 보내주지 않아요. 혼자서 감당하기 너무 어렵네요. 약속했던 금액을 안보내주니까 그만큼 펑크나고 마이너스 되고... 자꾸 걱정되서 요새 잠도 제대로 이루지 못해요.

    a. 전남편에게 의존적인 성향이 보이네요.

    b. 양육비 소송을 진행하세요.

    c. 전남편에게 양육비를 받았으면 좋겠는데, 보내줄지 몰라서 불안하시군요.

(4) 내담자의 상황이나 반응에 대해 효과적인 반영 연습을 해보시오.

> 스트레스 상황에서 자신의 손톱을 물어뜯는 습관을 가진 내담자
>
> 내담자: 스트레스 상황이 되면 저도 모르게 손톱을 물어뜯고 있어요. 이게 피가 날 때까지 끝까지요.
>
> 상담자: 그러고 나면 어떤 기분이 드나요?
>
> 내담자: 피를 봐야 멈춰지니까, 왜이러지? 제가 제정신이 아닌 상황이 되는 것 같아요.

- 상담자 반응:

반영 실습 관찰지

　사례는 A, B 중 선택하며 3인 1조로 상담자, 내담자, 관찰자로 역할을 정한다.

상담자: 감정에 초점을 맞추어 반영하는 연습
내담자: 상담자가 잘 진행할 수 있도록 정보를 제공
관찰자: 연습상담을 관찰하며 반영 반응 관찰지를 작성하고, 내용을 메모

1. 사용했던 반영의 내용을 적어보세요.

2. 상담자 반응 중에서 보완할 점을 적어보세요.

감정단어

기본감정: 〈일반적인 느낌 표현〉

감격스럽다	걱정스럽다	고맙다	괜찮다	괴롭다
궁금하다	귀엽다	그립다	기쁘다	나쁘다
놀라다	다행스럽다	달콤하다	답답하다	당황스럽다
두렵다	따분하다	무겁다	무섭다	미안하다
밉다	반갑다	벅차다	보고 싶다	부끄럽다
부담스럽다	불쌍하다	불안하다	불쾌하다	불편하다
불행하다	뿌듯하다	사랑하다	산뜻하다	상쾌하다
상큼하다	서럽다	설레다	속상하다	슬프다
신기하다	신나다	심술 나다	쓸쓸하다	아프다
안쓰럽다	안타깝다	야속하다	어이없다	억울하다
얼떨떨하다	예쁘다	외롭다	용감하다	우습다
울적하다	원망하다	유쾌하다	자랑스럽다	정겹다
조마조마하다	좋다	즐겁다	짜증스럽다	찜찜하다
찡하다	창피하다	철렁하다	초조하다	통쾌하다
편안하다	평화롭다	행복하다	허무하다	허전하다
허탈하다	화나다	후련하다	훈훈하다	흐뭇하다

행복함, 즐거움, 사랑 표현하는 감정 어휘

기쁜	벅찬	포근한	흐뭇한	상쾌한	짜릿한	시원한
반가운	후련한	살맛나는	신바람 나는	아늑한	흥분되는	온화한
안전한	느긋한	끝내주는	날아 갈 듯한	괜찮은	쌈박한	정다운
그리운	화사한	자유로운	따사로운	감미로운	황홀한	상큼한
평화로운						

슬픔, 회한, 좌절을 표현하는 감정 어휘

뭉클한	눈물겨운	서운한	처량한	울적한	위축되는	허탈한
애끓는	애처로운	외로운	후회스러운	울고싶은	북받치는	쓸쓸한
주눅드는	공허한	허전한	침울한	적적한	낙심되는	우울한
참담한	맥빠지는	애틋한	애석한	비참한	풀이 죽은	암담한
무기력한	거북스러운	막막한	서글픈	안타까운	짓눌리는 듯한	
마음이 무거운	자포자기의	절망스러운	죽고싶은	뭔가 잃은 듯한		

분노, 미움, 싫음을 표현하는 감정 어휘

얄미운	열받는	지겨운	못마땅한	권태로운	불쾌한	불만스러운
불편한	지루한	찝찝한	떨떠름한	심술나는	언짢은	후덥지근한
씁쓸한	괘씸한	야릇한	성질 나는	약오르는	쌀쌀한	짜증스러운
분한	속상한	하찮은	원망스러운	신경질 나는	더러운	부담스러운
귀찮은	역겨운	핏대나는	미칠 것 같은	끔찍한	기분 나쁜	세상이 싫은
메스꺼운	따분한	넌더리나는	피하고 싶은	혐오스러운	꼴보기 싫은	

고통, 두려움, 불안, 놀라움을 표현하는 감정 어휘

당황스러운	초조한	무서운	긴장되는	어이없는	억울한	조급한
걱정스러운	참담한	두려운	어리둥절한	놀라운	멍한	가혹한
조마조마한	막막한	답답한	참을 수 없는	겁나는	섬뜩한	난처한
죽을 것 같은	떨리는	충격적인	위태위태한	기가 막힌	정신이 번쩍 드는	
전전긍긍하는	어이없는	살벌한	조바심을 태우는	큰일날 것 같은		

신체부위로 말하는 느낌을 표현하는 감정 어휘

목이 메이는	가슴아픈	쓰라린	소름끼치는	전율을 느끼는
몸서리쳐지는	피가 끓는	쑤시는	두근두근하는	애간장이 타는
구역질나는	진땀나는	숨가쁜	속이 빈 것 같은	다리가 후들거리는
간담이 서늘한	배가 아픈	넋잃은	몸 둘 바를 모르는	속이 부글부글 끓는
가슴이 저미는	숨막히는	골 때리는	얼굴이 화끈거리는	머리칼이 곤두서는
터질 것 같은	쓰러질 것 같은	간이 콩알만해지는	손에 땀을 쥐는 듯한	

힘과 관련된 느낌을 표현하는 감정 어휘

활기찬	힘찬	생생한	의기양양한	든든한	격렬한	열렬한
당당한	팔팔한	엄청난	자신만만한	패기만만한	야생마 같은	
강렬한	충만한	싱싱한	무기력한	기죽은	넋 나간	
왜소한	미약한	미세한				

부끄러움, 죄책감, 의심을 표현하는 감정 어휘

부끄러운	쑥스러운	수줍은	멋 적은	민망한	창피스러운
계면쩍은	어색한	미안한	애매한	야릇한	뻔뻔스러운
어중간한	미심쩍은	서투른	묘한	조롱당한	뒤가 캥기는
아리송한	자책하는	이상한	창피한	죄스러운	안심이 안 되는
벌거벗은	영문모를	한심한	뭔가 아닌 것 같은		
쪽팔리는	무거운	캄캄한	가라앉는 듯한	쥐구멍을 찾고 싶은	

소외감이나 기타 느낌을 표현하는 감정 어휘

그저 그런	뭔가 저지르고 싶은	마음을 닫고 싶은	밥맛 떨어지는
무감각한	뒷전에 물러 난 듯한	중간에 끼인 듯한	개 같은 느낌
버려진	궁지에 빠진	왕따 당한 듯한	마음이 급한
녹초가 된	덫에 걸린	뭐가 뭔지 알 수 없는	정리가 안 된 듯한
무관심한	주체할 수 없는	양다리 걸친 것 같은	뒤틀린 것 같은
쉬고싶은	벼랑에 선 듯한	기대고 싶은	퇴짜맞은
들뜬	피곤한	걷어차인	혼란스러운

(1) 본인의 생각 작성

(2) 첫째, 내담자가 순간적으로 너무 많은 감정을 표현하는 경우,
내담자는 자신의 감정을 받아들일 준비가 되지 않은 상태로
볼 수 있다. 감정표현을 어려워하거나 서툰 경우들이 많기 때
문에 이런 경우에는 반영을 사용하지 않는 것이 좋다.
둘째, 내담자가 감정에 압도된 경우, 반영보다는 이완을 할 수
있도록 도와주며, 감정을 조절, 통제할 수 있도록 하는 것이
중요하다.
셋째, 내담자는 자신이 경험한 감정보다 상담자의 반영을 더
믿을 수 있다. 그렇기 때문에 내담자가 느끼는 감정을 정확하
게 표현하지 못할 경우에는 사용하지 않는 것이 좋고, 또, 내
담자의 감정을 모두 알고 있다는 듯한 태도는 좋지 못하다.
넷째, 감정을 표현하는 방식은 성별, 문화, 사회적 분위기에 따
라 차이가 있음을 인지해야 한다.

(3) -c
-b

(4) 나도 모르게 손톱을 물어뜯고, 피가 날 때까지 계속하게 되니
까 내가 이상하게 느껴지는 것 같구나.

6. 질문

#질문 #개방적 #폐쇄적 #피해야 할 질문

상담과정에서 상담자는 내담자에 대해 많은 정보를 파악해야 하는 순간이 있다. 상담의 첫장면에서는 내담자의 인적사항, 인간관계, 상담을 오게 된 계기와 관련된 문제 등을 파악할 수 있어야 한다. 물론 상담이 진행되는 과정에서도 상담자가 내담자의 이야기를 더 깊게 파악하고 정리하는데 있어 질문은 유용한 역할을 하게 된다.

질문의 유형에는 개방형 질문과 폐쇄형 질문이 있다. 개방형 질문은 내담자가 대답할 수 있는 영역을 넓게 열어줌으로써 내담자가 자유롭고 상세하게 답변을 할 수 있는 상황을 열어 준다. 반대로, 폐쇄형 질문은 내담자가 대답할 수 있는 영역을 "네, 아니오"처럼 제한을 둠으로써 제한적인 정보를 파악할 때 도움이 될 수 있다.

1) 질문의 개념

일상적인 대화를 할 때에도 우리는 질문과 답변이 많이 이루어진다. 상담 역시 그렇다. 질문은 질문을 받는 사람에게 더 많은 이야기를 하게 하고, 관련된 이야기에 깊이 있게 접근하게 하기도 한다. 상담에서 사용되는 질문 역시 그렇다. 내담자가 이야기를 하는 동안 상담자가 더 많은 이야기를 하도록 유도하고, 더 깊이 있는 내용을 탐색할 수 있도록 조력하며, 자신의 문제를 분석, 평가할 수 있도록 하는 중요한 기법이다.

질문과 답변으로는 대화가 진행되지 않듯 단순한 주고 받음으로는 상담이 진행되지 않는다. 적절한 내용을 적절한 시기에 물어야 효과적인 질문이 되는 것이다. 상담자가 상담을 시작할 때 질문으로 시작을 하고, 진행하기 때문에 상담자는 질문에 대한 답을 들을 뒤에는 답을 관심있게 들었음을 보여주는 깊이 있는 질문, 반영, 공감 등의 반응을 해주는 것도 필요하다.

(1) 개방형 질문

개방형 질문은 내담자에게 편하게 이야기를 이끌어낼 수 있도록 도와주는 역할을 한다. 즉, 내담자가 상담을 이끌어 갈 수 있도록 도와주며 책임이 내담자에게 있다는 것을 인지할 수 있으며, 내담자는 평가와 강요를 받지 않으면서도 자신의 생각, 감정, 행동 등을 탐색할 수 있다.

상담에서 질문을 할 때에는 의도와 목적을 가지고 있다. 그 의도와 목적이 어떤 것이냐에 따라 개방형 질문의 유형이 구분될 수 있다. 구분될 수 있는 유형은 다음과 같다.

① 내담자가 경험한 상황에 대한 자료 수집

내담자가 경험한 상황들에 대한 자료를 수집하기 위한 질문들이다. 이 질문들은 내담자의 현재 문제, 가족간의 관계, 대인관계 패턴 등을 비롯하여 내담자의 생활 영역에 관한 자료를 수집하기 위해 접수면접 또는 초기면담에서 주로 사용된다.

② 내담자가 느끼는 주관적 생각과 느낌을 탐색

내담자들은 특정 상황에 놓이는 것에 대해 주관적인 생각과 느낌을 가지게 된다. 이러한 질문을 통해 내담자의 경험에서 감정을 불러일으키는 원인과 해결되지 않는 이유를 확인할 수 있게 된다.

개방형 질문은 내담자가 많은 이야기를 할 수 있는 기회를 준다. 특히 상담을 시작할 때 "오늘은 어떤 이야기를 하고 싶어요?"와 같은 질문으로 도움을 받을 수 있다. 다음으로 특정 문제나 감정에 대해 구체적으로 탐색하도록 할 수 있다. "그 일이 일어났을 때 느꼈던 감정이나 들었던 생각에 대해 이야기 해줄 수 있나요?"과 같이 구체적인 상황과 감정을 확인하도록 한다. "구체적인 예를 들어 보시겠어요?"나 "아버지가 두려운 상황이 있다고 얘기했었는데 어떤 상황인지 얘기해줄 수 있나요?"와 같이 내담자가 경험한 내용을 자세하게 이해할 수 있다. 또한 내담자가 자신의 느낌이나 생각에 주의를 기울이도록 할 수 있다.

(2) 폐쇄형 질문

폐쇄형 질문은 상담자가 원하는 정보를 얻기 위해 '예/아니오'로 대답할 수 있는 질문을 말한다. 상담에서는 내담자가 자신을 표현하고 진행에 도움을 주기 위해서는 개방형 질문이 더 유용하지만 특정 상황에 초점을 맞추거나 정확한 정보를 얻기 위해서는 폐쇄형 질문이 훨씬 유용할 수 있다. 또 잠재적으로 위험한 상황(대표적으로 자살시도)에 놓인 내담자에게는 무슨일이 일어났는지 직접적으로 물어보는 폐쇄형 질문이 훨씬 유용하다.

폐쇄형 질문의 예시로는 "이전에도 비슷한 감정을 느낀적이 있나요?"나 "제가 이해한 내용이 맞나요?" 등이 있다.

2) 질문의 방법과 효과

(1) 질문의 방법

① 요청형태의 질문

"~에 대해 좀더 얘기해줄 수 있을까?"

"무슨 의미인지 다시 설명해줄 수 있지 않을까?"

"선생님은 ~에 대해 더 이야기가 듣고 싶어."

예시와 같이 내담자가 부담스럽거나 꺼려하는 주제의 경우 요청형태의 질문이나 간접 질문을 사용하면 효과적이다. 요청형태의 질문은 내담자에게 압력을 낮추어 줌으로써 상담자로부터 안정감을 느낄 수 있으며, 상담자는 내용에 대해 주의를 기울이고 탐색할 기회를 갖게 된다.

② 비유도 질문

울고 있는 내담자: "지금 눈물이 나는데, 기분이 어떤가요?"

예시와 같이 내담자가 자신의 상태를 제한 없이 대답할 수 있도록 해야 한다. 내담자가 울고 있다고 해서 "왜 슬픈가요"라고 물어본 경우, 이미 슬프다는 것을 전제로 하는 질문이기 때문에 유도질문으로 볼 수 있다. 유도질문이란 이미 답을 예측하면서 하는 질문을 의미한다. 유도질문의 경우 자존감이 낮거나 자기 주장이 약한 내담자, 타인에게 맞추는 경향을 가진 내담자의 경우 답변에 영향을 많이 줄 수 있기 때문에 지향하는 편이 좋다.

③ 질문은 가급적 간단하게 한다.

질문을 한꺼번에 여러 개 하거나 내용이 많거나 모호한 경우에는 내담자가 답변을 하기 어렵다. 다시말하면 질문은 요지를 정확히 파악할 수 있도록 구체적이고 최대한 간단해야 한다.

④ 내담자가 상담자의 질문에 답하지 못했을 때

상담자의 질문에 내담자가 답을 하지 못하는 경우는 다양하다. 일반적으로 상담자의 질문을 잘 이해하지 못했거나 질문에 대한 대답에 어려움을 느끼는 경우 답을 하지 못하게 된다. 이때 상담자는 답을 재촉하거나 유도하지 않고, 내담자가 답을 할 수 있도록 충분히 기다려 주는 것이 필요하다. 충분히 기다린 후에도 대답이 어려운 경우 상담자는 질문을 반복해주거나 답을 할 수 있도록 격려해 줄 수 있다. 재질문을 통하여 질문을 다시 반복하거나 요청의 형태가 될 수 있다. 또한 상담자는 내담자가 질문에 대답할 수 있는 단서를 제공할 수 있다.

⑤ 내담자의 응답이 충분하지 않을 때

내담자의 답이 충분하지 않을 경우 상담자는 재질문을 제시할 수 있는데, 내담자가 이미 답변한 내용에 관한 것으로 대화의 맥락을 유지하도록 한다.

⑥ '왜' 질문

'왜'를 사용하는 질문은 내담자로 하여금 비난하는 것으로 느끼게 하기 때문에 가급적 삼가도록 한다. 비난받는 것처럼 느끼는 내담자는 방어적으로 변할 수 있기 때문이다.

⑦ 상담자가 자신의 호기심 충족을 위한 질문

내담자에게 맞추어져야 하는 초점이 흐려질 가능성이 높다. 예를 들어 자해를 시도한 내담자에게 "자해를 시도했을 때 어떤 도구를 주로 사용하니?" 감정을 표현하고자 했던 내담자에게 차단하는 느낌을 느끼게 하거나 초점 자체가 자해에서 도구로 바뀌어 버린다.

⑧ 질문에 지나치게 의존한 상담

계속적인 질문은 내담자를 방어적으로 만들 가능성이 높다. 질문이 반복되면 내담자는 대답을 해야 하는 부담감을 느끼거나 상담자가 원하는 방향으로만 상담이 진행될 수 있기 때문이다.

(2) 질문의 효과

① 초점두기

질문의 일반적인 효과는 내담자의 이야기 중에서 어떤 내용을 중심으로 상담을 진행할지 방향을 정할 수 있는 데 있다. 상담자가 하는 질문에는 내담자가 답변함으로써 주의를 끌 수 있다. 만약 상담자가 내담자가 하는 이야기 중에 중요하다고 느껴지는 것이 있다면, 그와 관련된 질문을 반복·깊이 있게 함으로써 특정 내용에 초점이 맞춰지게 된다. 또, 내담자의 산만하거나 장황한 내용의 경우 상담자가 던지는 질문으로 상담의 이슈 또는 방향을 정하게 된다.

이때 효과적으로 질문이 활용되려면 내담자의 이야기에 주의집중과 경청이 동반되어야 한다. 주의집중과 경청은 상담자가 초점을 맞추게 될 내용이 어떤 것일지에 대한 부분과 내담자의 답을 바탕으로 다시 어떤 반응을 보일지 결정하는 부분에 필요한다.

② 내용탐색

질문의 가장 중요한 효과는 바로 탐색이다. 질문을 통한 탐색의 주 내용은 내담자가 인식하고 있는 문제와 주변상황, 내담자가 경험한 내용, 내담자가 가지고 있는 생각과 감정, 상담의 주제 또는 목표가 될 수 있다. 깊이 있는 질문을 통해 내담자가 자신이 가지고 있는 문제에 대해 깊이 있는 지각을 할 수 있다.

내용탐색을 하기 위한 질문은 대체로 개방형 질문을 사용한다. 상담자는 개방형 질문을 통해 상담에 필요한 내용을 더 수집하고, 이 자료를 통해 내담자에 대한 이해와 내담자가 호소하는 문제에 대한 이해를 높일 수 있게 된다. 또한 내담자도 탐색적 질문에 대한 답을 하면서 자신의 생각, 감정, 상황에 대해 더 많은 생각과 자각을 할 수 있다. 개방형 질문을 바탕으로 상담자와 내담자가 더 자세한 이야기를 나누거나 새로운 이야기를 발견할 기회를 제공한다.

개방형 질문을 사용하는 또 다른 이유는 상담의 주체가 내담자임을 확인시키는데 있다. 개방형 질문은 답을 할 수 있는 제한을 두지 않기 때문에 대화의 주도권이 내담자에게로 향하고, 더 주도적으로 대답하는 기회를 갖게 된다.

③ 명료화

질문을 통한 명료화는 대개 내담자의 이야기 중에서 자살, 가족폭력, 아동학대 등의 중대한 사안에 대한 확인이 필요하거나 내담자의 생각, 관점, 인지하고 있는 내용 등을 자각 또는 직면시킬 필요가 있거나 분명하지 않는 표현에 대한 확인을 할 경우에 사용된다. 보통의 질문은 개방형 질문이 사용되지만 명료화를 목적으로 하는 경우에는 폐쇄형 질문이 더 효과적일 수 있다. 그러나 명료화를 위한 질문일지라도 폐쇄형 질문을 반복적으로 사용하는 것은 삼가야 한다.

3) 예시

<자살계획을 가지고 내담자>

상담자: 혹시, 자살을 생각하고 있나요?

내담자: ... 네

상담자: 실제로 시도해 보신적도 있어요?

내담자: 아직 시도는 해보지 않았어요.

상담자: 자살을 시도할 계획을 가지고 있나요?

내담자: 생각해 놓은 건 있어요.

상담자: 구체적인 계획인가요?

내담자: ......

상담자: 얘기해 주실 수 있나요?

내담자: 칼은 너무 아플 것 같고, 목매는건 고통스럽다고 해서... 저희 아파트 끝층까지 올라가서... 뛰어내리려고...

상담자: 자살을 생각할 이유가 있었을 것 같은데 그것에 대해 더 이야기 해봐요. 우선은 자살하지 않겠다는 서약을 받고 싶습니다. 약속해 주실 수 있나요?

내담자: 네

A: 진짜 엄마 잔소리가 너무해요. 지금까지 어떻게 참았나 싶을 정도라니까요.

상담자: 주로 어떤 잔소리를 많이 하시는 거죠?

A: 진로관련된거죠. 공부해야 된다. 사범계열 가려면 어쩌고 저쩌고. 전 안간다고. 청소년 활동쪽을 더 배우고 싶다고 해도 안되요.

상담자: 청소년지도사가 되고 싶은데, 부모님은 계속 공부해서 사범계열 가라, 라는 말씀을 하신다는 거네요. 제가 이해한게 맞나요?

A: 네 맞아요.

Q. 예시에서 개방형 질문과 폐쇄형 질문을 찾아보세요.

(1) 내가 생각하는 질문은 무엇입니까?

(2) 개방형 질문과 폐쇄형 질문을 사용해야 하는 상황에 대해 설명하세요.

(3) 다음 문제에 제시된 반응에 대한 설명으로 적합한 것을 고르시오.

- Wee 클래스 상담실에서 첫 상담회기를 진행한다.

  상담자: 상담을 통해서 어떤 문제가 해결되었으면 좋겠나요?

  내담자: 같이다니는 친구와 어려움이 있어요.

  a. 친구들과 충분히 얘기는 하고 왔나요?

  b. 친구에게 문제가 있나요?

c. 어떤 어려움이 있는지 얘기해줄 수 있나요?

- 상황에 대한 내담자의 감정이나 생각을 탐색할 수 있는 질문
  을 고르시오.

  내담자: 제가 승진한 지 얼마 안되서 업무도 낯설고, 하나하
  나 다 체크해야 하는데, 새로운 팀원이 사사건건 물
  어봐요. 진짜 신입도 아니고 일부러 경력직을 채용했
  는데, 하나하나 다 물어보고 일처리를 한다구요.

  a. 체크해야 할 일이 많나요?
  b. 그만 물어보라고 말해보셨나요?
  c. 새로운 팀원이 자꾸 질문할 때마다 어떤 기분이 드세요?

(4) 내담자의 상황이나 반응에 대해 질문 연습을 해보시오.

학급에서 왕따를 당하고 있는 고1 여학생. 직설적인 표현과
서슴없는 행동이 원인이었지만 자신의 문제를 파악하지 못하고
있어 담임교사가 의뢰하였다.

내담자: 저는 솔직하게 표현하거든요? 제가 싫은건 싫다. 다같
이 청소하자해도 제가 싫어서 안할 수 있잖아요? 그런
거나 친구가 뭐하고 있을 때 궁금하면 바로 본다거나
다들 그러지 않나요? 지들도 그러면서 왜 자꾸 저한테
만 뭐라고 하는지 모르겠어요.

- 상담자의 질문 반응

질문 실습 관찰지

  사례는 A, B 중 선택하며 3인 1조로 상담자, 내담자, 관찰자로 역할을 정한다.

상담자: 내용에서 질문하는 연습을 해본다.
내담자: 상담자가 잘 진행할 수 있도록 정보를 제공
관찰자: 연습상담을 관찰하며 질문 관찰지를 작성하고, 내용을 메모

1. 사용했던 질문의 내용을 적어보세요.

2. 상담자 반응 중에서 보완할 점을 적어보세요.

(1) 본인의 생각 작성

(2) 개방형 질문: 상담을 진행할 때 대부분의 상황
    폐쇄형 질문: 특정 정보를 얻거나, 위기상황이거나 상담자가
                내담자의 동의를 구할 경우

(3) ― c
    ― c

(4) 만약 같은 행동을 다른 친구가 해도 괜찮을까요?

7. 정보제공

#정보 #다른 관점 #사실, 자료, 의견 #관점확장

　상담은 내담자가 이끌어 가는 과정이라고 설명했지만, 꼭 필요한 경우에는 상담자가 내담자에게 필요하다고 생각되는 정보를 제공할 수 있다. 여기서 말하는 정보는 내담자가 알아야 할 사실, 필요한 정보, 상담자의 의견, 내담자가 행할 수 있는 대안, 결과나 절차에 대한 자료를 포함하여 내담자가 잘못 알고 있는 정보에 대한 수정이나 내담자가 하는 행동에 대한 이유를 설명해주는 것을 포함한다.

　정보를 제공하는 의도는 내담자가 정보를 제공받음으로써 전에 알지 못했던 것을 알도록 하고, 잘못된 정보로 인한 지각이나 오해를 수정하여 내담자의 생각을 확장시켜 줌으로써 내담자가 더 넓은 관점을 갖게 도와 바람직한 방향으로 변화되는 것을 목표로 한다. 이러한 변화는 내담자가 도전의식이나 확신을 갖도로 한다.

1) 정보제공의 개념

대부분의 내담자는 자신의 문제가 해결되기를 원한다. 그래서 상담을 통해 자신의 문제를 이해하고 해결하는 과정을 진행한다. 그러나 내담자가 상담관계를 바탕으로 자신의 문제를 이해한다고 해서 그것이 곧바로 행동으로 표현되는 것은 아니다. 오래된 습관이거나 새로운 행동을 시도하는데 두려움이 있는 경우에 깨달았다고 하더라도 행동으로 실현되기까지는 시간이 걸릴 수 있다. 변화는 쉽게 이루어지지 않고, 그에 대한 동기가 약하거나 변화를 위한 기술이 없는 경우 어려울 수 있다. 내담자의 변화를 이끌어 내기 위해서는 다양한 기술을 사용하게 되는데, 그 중 하나인 정보제공에 대해 알아보고자 한다.

정보제공은 단어 그대로 정보를 제공하는 것이라고 말할 수 있다. 하지만 상담에서 말하는 정보란 내담자가 알아야 할 사실, 필요한 정보, 상담자의 의견, 내담자가 행할 수 있는 대안, 결과나 절차에 대한 자료를 포함하여 내담자가 잘못 알고 있는 정보에 대한 수정이나 내담자가 하는 행동에 대한 이유를 설명해주는 것을 포함한다.

정보를 제공하는 것은 내담자가 자신의 문제를 이해하기 위해 관점을 확장시킬 수 있게 한다. 어떤 사례에서는 도전 기술에 포함되지만 다른 사례에서는 결정을 확신하는 역할이나 지지하는 역할에 포함될 수도 있다.

정보는 다음과 같은 방식으로 제공될 수 있다.

① 정보적 답변

정보제공의 가장 흔한 형태로 상담자는 내담자가 알지 못했던 정보를 제공하는 것이다. 정보적 답변은 내담자가 지각하고 있는 문제나 상황에 대한 반응을 변화시키는데 목적을 둔다. 상담자는 필요한 정보와 정보를 얻을 수 있는 방법에 대해 정리하여 제공해야 한다. 이 과정을 통해 내담자는 잘못 알고 있던 정보들에 대해 수정할 수 있다.

주의할 점은 적절한 시기에 제시되어야 하며, 정보는 사실을 제시하되 간략하게 전달되어야 한다. 또 상담자의 가치나 의견이 배제되어야 하며 정보제공은 함께 협력하여 제공되어야 한다.

② 정상화

내담자가 지각하고 있는 문제나 상황이 혼자 겪는 것이 아님을 알게 해주는 정보제공이다. 상담자는 내담자가 비슷한 상황에서 다른 사람과 별반 다르지 않게 행동하고 그것이 보편적이라는 것을 알려주어야 한다. 정상화는 자신의 반응이 보편적이라는 것을 인지하게 됨으로써 사건에 대한 걱정을 줄일 수 있다는데 있다.

주의할 점은 사실을 말하되 너무 자주 사용되는 것을 좋지 못하고 큰 맥락 안에서 사용되어야 한다. 내담자의 반응이 일반적이지 않을 때에는 사용하지 않도록 한다.

③ 대안적 관점

내담자가 상황이나 문제에 대해 가지고 있는 생각을 새로운 관점으로 바라보게 하거나 재조직해서 제공하는 것이다. 즉, 건설적인 방향으로 내담자의 틀을 확장시키는 기술이라고 생각각할 수 있다. 상담자는 내담자가 인지하고 있는 상황이나 문제에 대해 새로운 관점을 제시한다. 내담자는 새로운 관점으로 바라보며 주어진 상황이나 문제에 변화가 일어나게 된다.

주의할 점은 제시되는 대안적 관점은 사실적이고 객관적이어야 한다. 질문을 통해 새로은 인식의 전환이 이루어질 수 있어야 하며, 가능한 구체적이어야 한다.

정보를 제공할 때는 주의해야 할 점이 있다.
① 너무 많은 정보를 제공하여 내담자가 당황하지 않도록 한다. 과도한 정보는 오히려 내담자를 압도하여
② 문제와 관련된 정보만 제공해야 한다.
③ 정보를 주는 것은 충고를 하는 것이 아니다.
④ 정보를 제공하는 것이 내담자의 가치에 압력이 가해지면 안 된다.

2) 정보제공의 방법과 효과

(1) 정보제공의 방법

> 정보제공 단계
> 정보제공 시점 진단하기 → 정보탐색 → 정보제공 → 정보 반응 확인

정보제공의 시점은 내담자가 요청하거나 필요하다고 동의한 경우 가장 적절하며, 정보제공은 언제 어떻게 사용해야 하는지 알아야 한다. 정보를 제공할 때 중요한 것은 제공할 정보가 내담자의 욕구와 목표에 적절해야 하고, 가장 잘 수용할 수 있는 시점에 사용하는 것, 반대로 말하면 사용하면 안되는 시점을 잘 아는 것이다.
정보를 제공한 이후에는 정보를 얼마나 이해하고 있는지 간단하게 확인해볼 필요가 있다. 그리고 내담자가 스스로 선택할 수 있

도록 해야 한다. 상담자는 내담자의 변화를 위해 충분한 정보를 이해하고 있어야 하며, 변화를 위한 도전을 할 때 질문을 하는 경우 바로 대답을 할 수 있도록 해야 한다. 정보는 내담자에게 과도하게 많으면 안되고, 정보를 정확하게 이해할 수 있도록 해야 한다.

정보제공은 상담자와 내담자가 공유하는 주제에 관해 알아보는 방법으로 진행하는 것이 좋다. 이때 상담자가 정보를 강의하거나 강요를 해서는 안된다.

효과적인 정보제공을 위해서는 비언어적 표현이 중요하다. 적절한 눈맞춤, 몸의 방향, 태도와 더불어 언어적 반응이 지속적으로 이루어져야 한다. 그리고 정보는 내담자의 능력에 맞게 제공되는 것이 도움이 된다. 현명한 상담자라면 내담자가 필요한 시기에 맞추어 정보를 쪼개어 제공하는 것도 필요하다.

(2) 정보제공의 효과

정보제공은 위에서 설명했듯 새로운 정보를 제공하는 것과 잘못된 정보를 수정하는 것 모두를 의미한다. 정보제공은 어느 단계에서 사용되느냐에 따라 효과가 사용될 수 있다.

초기단계에서는 내담자가 경험하는 문제가 본인만의 문제가 아니라는 사실을 알려줄 수 있다. 다시 말해 그 문제는 누구나 경험할 수 있다는 사실이 내담자에게는 그 문제를 해결하는데 도움이 될 수 있다.

중간단계에서는 내담자가 문제를 정확히 인지하지 못하는 것이 정보의 부족인 것을 알았을 경우 여러 가지 정보를 제공해줌으로써 내담자의 관점을 넓히고 문제를 충분히 탐색하며 행동하도록 격려할 수 있다. 다시 말하면 정보제공은 자신의 문제를 바라보는 관점을 바꾸어주어 문제와 관련된 목표를 설정하는데 도움을 준다.

3) 예시

A: 저번에 했던 진로검사결과를 확인하고 싶어요.

상담자: 이 검사결과 SS유형으로 나왔어요. 이 유형은 교사와 청소년지도사 모두 잘 어울리는 유형이예요. SS유형은 사회성이 매우 높은 편이고 다른 사람을 돕는 것, 가르치는 것 모두 적합하죠. 두 직업 모두 누군가를 돕고 가르치는 직업에 속하기 때문에 A군에게는 두 직업 모두 적성에 맞는 것으로 나왔어요.

Q. 예시에서 사용된 정보제공을 쓰세요.

(1) 내가 생각하는 정보제공은 무엇입니까?

(2) 정보를 제공할 때 주의해야 할 점을 쓰세요.

(3) 다음 문제에 제시된 반응에 대한 설명으로 적합한 것을 고 르시오.

• 낯선 사람을 만나는 것을 두려워하는 여성 내담자이다.

　내담자: 저는 제가 모르는 사람을 만나는 것이 너무 싫어요.
　　　　　어떤 말로 시작해야 할지 모르겠어요. 다른 사람들은
　　　　　잘 시작하고 금방 친해지는데, 아무래도 제가 많이

이상하다는 생각이 들어요.

  a. 저도 처음에는 항상 어색해요. 낯선사람과 만나는 상황은 누구에게나 그렇죠. 아무래도 익숙하지 않은 관계에서는 조금 긴장이 되지요.

  b. 언제부터 그런 현상이 있었나요?

  c. 큰 문제는 아닌 것 같아요. 그냥 편안한 마음만 가지면 편하게 만날 수 있지 않을까 해요.

- 중학교 3학년이 된 아들을 둔 내담자가 아들의 모든 일을 다 챙겨줘야 한다고 느끼고 자신이 아니면 아들을 챙겨줄 사람은 없다고 생각한다.

  내담자: 남편은 늘 아들을 혼내기만 하고 아들 탓만해요. 아직 어린 애한테 그러면 안되잖아요. 이 상황에서 제가 아들을 위해 뭘 더 해줄 수 있을까요? 좋은 방법이 있으면 알려주세요.

  a. 아들은 충분히 사랑받고 있다고 느끼지 않을까요? 아들이 사랑받지 못하는 것을 걱정하는 것같네요.

  b. 당신은 아들에게 무언가를 해줘야 한다고 생각하네요. 그런데 어쩌면 당신이 아들의 일을 모두 챙겨 줌으로써 아들이 자기가 해야 하는 일들도 당신이 해주길 바라고 있는지도 모르겠네요. 아들은 정작 자신이 해야 하는 일들인걸 생각하지 못하고 있어요.

  c. 화만 내는 남편에게 많이 서운할 것 같아요. 그런데 아들이 어리다고 표현하는 것에는 이해가 되지 않아요. 아직 아들이 어리다고 생각하나요?

(4) 내담자의 상황이나 반응에 대해 효과적인 정보제공 연습을 해보시오.

학교 중간고사를 앞둔 중학교 1학년 여학생 내담자다.

내담자: 시험을 생각만 해도 배가 아파요. 아직 무슨 시험 이런 거 봐본적은 없는데... 공부하다가도 시험보는거다라고 생각이 들면 엄청 아파지는 거예요. 아프면 그날은 거의 공부도 못하고요. 이러다 시험 망치면 어쩌지 불안하고 무서워요. 어떻게 하면 좀 편안한 마음으로 시험을 칠 수 있을까요?

- 정보제공 반응

정보제공 반응 실습 관찰지

   사례는 A, B 중 선택하며 3인 1조로 상담자, 내담자, 관찰자로 역할을 정한다.

상담자: 내담자에게 줄 수 있는 정보를 찾아보며 연습한다.
내담자: 상담자가 잘 진행할 수 있도록 대화를 이끌어 간다.
관찰자: 연습상담을 관찰하며 정보제공 반응 관찰지를 작성하고, 내용을 메모

1. 사용했던 정보제공의 내용을 적어보세요.

2. 상담자 반응 중에서 보완할 점을 적어보세요.

(1) 본인의 생각 작성

(2) 정보를 제공할 때는 주의해야 할 점이 있다.

① 너무 많은 정보를 제공하여 내담자가 당황하지 않도록 한다. 과도한 정보는 오히려 내담자를 압도하여

② 문제와 관련된 정보만 제공해야 한다.

③ 정보를 주는 것은 충고를 하는 것이 아니다.

④ 정보를 제공하는 것이 내담자의 가치에 압력이 가해지면 안된다.

(3) −a

　　−b

(4) 불안을 떨어뜨리는 방법은 체계적 둔감법이 있어요. 가장 불안이 작은 것부터 점차적으로 강한 불안 유발상황을 장면으로 떠올리며 연습해 보는거예요. 같이한번 연습해볼까요?

8. 요약

#내용정리 #간단명료 #핵심파악 #정확한 이해

요약은 명료화처럼 다양한 기법들과 함께 사용되는 기법 중 하나이다. 요약은 길게 진행된 내담자의 이야기를 상담자가 정리하거나 상담이 끝나는 시점에 주로 사용된다. 보통 요약은 재진술과 혼동되는 개념이지만 엄밀히 따지면 구분되는 개념이다. 재진술은 한두 문장 정도로 내담자의 말을 그대로 반복하는 것이라면 요약은 하나의 문단에 더 가깝다.

상담에서 요약은 문서를 정리하는 것과 비슷하다고 표현한다. 다양한 주제와 상황, 감정들이 뒤엉켜 흘러가는 대화들 안에서 카테고리를 나누고 생각과 감정들을 영역에 맞게 묶어 정리하는 것이다. 요약은 내용을 정리하고 핵심을 파악하는데 큰 도움을 줄 수 있다.

1) 요약의 개념

내담자가 자신의 가족과 직장동료 때문에 힘들어 하며, 그와 관련된 감정들에 대해 상담을 진행한 후 회기를 마무리할 때 상담자는 '당신이 가족과 직장동료로 힘든 상황을 겪고 있는 것을 들어보니 상당한 무력감과 실패감을 느끼고 있는 것 같군요.' 라고 요약할 수 있다.

좋은 요약은 단순히 묶어 내는 것이 아니라 관련 있는 자료들이 체계적으로 표현되는 것을 뜻한다. 상담자와 내담자의 관계가 신뢰로울수록 요약반응이 큰 도움이 될 수 있다. 효과적인 요약은 내담자가 새로운 조망이나 대안적 틀을 갖게 할 수도 있고, 중요한 문제에 의도적으로 초점을 맞추게 할 수도 있다. 요약의 사용은 내담자로 하여금 문제상황을 더욱 초점화하고 구체적으로 탐색하게끔 만든다. 또 흩어져 있는 요소들을 모아 내담자에게 숲을 보게 하는 방법으로도 제시된다.

요약은 상담자가 활용하기도 하지만 내담자가 상담에서 나온 내용 중에서 중요한 점을 확인하도록 하는데 사용되기도 한다. 경우에 따라서는 내담자가 중요한 점들을 이야기 하여 요약해 봄으로써 자기 문제에 초점을 맞추고 도전하기도 한다. 요약은 내담자가 단순히 이야기만 하도록 하지 않고 초점을 맞추도록 하는 일종의 압박기법이기도 하다. 따라서 요약은 내담자로 하여금 큰 그림을 보도록 하고 근본적인 원인을 찾아 상담과정의 진행을 도와주는 역할을 하기도 한다.

요약이 효과적으로 진행되기 위해서는 내담자의 이야기 내용, 말할 때 드러나는 감정, 이야기의 목적, 요약의 제공되는 시기 및 효과 등에 대해 주의를 기울여야 한다.

이를 위해 요약을 사용할 때 고려해야 하는 요소가 네 가지 있다.

첫째, 내담자의 이야기에서 중요한 내용과 감정에 주의를 기울인다.

둘째, 요약을 하는 주체에 대해 누가 하는 것이 더 효과적일지를 결정한다.

셋째, 이야기에서 확인된 주된 내용과 감정을 정리하여 전달한다.

넷째, 요약에서 상담자의 새로운 견해는 배제해야 한다.

2) 요약의 방법과 효과

(1) 요약의 방법

① 회기를 시작·종료하는 부분

새로운 상담을 시작하거나 한회기의 상담을 마무리 지을 때 요약을 해주면 진행에 큰 도움을 받을 수 있다. 특히 상담을 시작할 때 어려워하는 경우 지난 회기에서 나온 내용을 요약하여 이야기 해줄 때 했던 이야기를 반복하여 진행하게 되는 과정을 사전에 예방할 수 있다. 또한 종결시 요약을 사용할 경우 상담의 마무리하는 정확한 시그널이 될 수 있다는 장점이 있다.

② 상담의 진행이 막히는 부분

상담을 진행하는데 있어서 방향성을 잃었을 때와 내담자가 어떤 이야기를 계속 해야 할지 모를 때가 있다. 먼저 방향성을 잃었을 때를 살펴보면 상담의 방향이 잃는 원인 중 하나는 대화가 제자리에서 맴돌게 되기 때문이다. 다시 말하며 내담자가 자신의 이야기에 더 깊이 들어가지 못나거나 같은 이야기를 하도록 상담자가 내버려 두기 때문이다. 이때 상담자가 내용을 요약하여 정리해 주면 내담자도 같은 내용을 반복하는 것보다는 관점을 넓히거나 더 깊은 이야기를 꺼낼 수 있게 된다.

내담자가 어떤 이야기를 해야 할지 모르는 경우는 요약을 사용하면 초점을 찾는데 도움이 된다. 특히 내담자가 특정 주제에 대해 할 말이 생각나지 않거나 당황해 하는 경우에도 상담자와 내담자가 나누었던 내용을 요약해주면 진행에 훨씬 도움이 된다.

(2) 요약의 효과

Brammer는 적절한 요약을 통한 효과를 제시하였다.

첫째, 요약은 내담자를 워밍업 시켜 상담에 적극 참여하도록 한다.

둘째, 여러 가지로 나타난 생각이나 감정에 초점을 맞추게 한다.

셋째, 내담자가 제시한 특정 주제를 종결짓게 한다.

넷째, 주제에 대한 심층적 탐색을 조력한다.

3) 예시

A: 솔직하게 부모님이 뭘 원하시든 제가 좋아하는 것을 하는게 결과적으로는 효도하는게 아닌가 생각하는 거죠. 아무리 부모님이 뭐라고 하셔도 제가 좋은걸 하면 좋은 모습을 보여 드릴 수 있게 되는거잖아요? 부모님들은 연봉, 사회적 지위 이런걸 많이 보시지만 그게 꼭 중요하지는 않다고 생각해요. 지금 청소년 운영위원회 다니고, 행사기획단 다니는 것도 솔직히 다 같은 맥락이거든요. 언젠가는 저한테 저하고 싶은거 하라고 하실 거라 생각해요. 사실 고3되서 고민해도 늦지

않는다고 생각하는데, 계속 교사만 고집하시니까 더 반대로
가고 싶고, 그러지 않았나...
상담자: A군이 원하는 길로 가고 있는데, 계속해서 부모님이 반
대하는 상황이니 오히려 더 반대로 가고 싶고 그런 마
음이 드는군요?

Q. 예시에서 요약을 확인하고, 상담자의 입장에서 다시 요약해
보세요.

B: 저번에 얘기했던 것 같기도 한데... 걔가 저한테 뒷담화만 하
고 다닌다 이런식으로 했을 때 (음...) 물론 저한테 대놓고 그
렇다고 얘기한건 아닌데, 그런 느낌 풍기면서 애들한테 얘기
하고 다닌다는거 알고 있었거든요. 그거에 대해서 자꾸 생각
하게 되는거죠. 걔는 나를 그런 사람으로 보고 그쪽으로 몰고
가고 있구나, 걔는 나를 그렇게 생각하고 있구나. 하면서...
(음) 쟤가 나를 자꾸 따돌리고 하는게 그런 이유 때문이고 그
빌미가 된게 그 뒷담화 그런게 아닐까 하는 생각이 들거든요.
제가 지나치게 걔말에 동조해주면서 하던 것도 없진 않았던거
같고... 그런걸 보면 사람관계가 너무 무서운거 같아요. 아니
면 제가 잘못하고 있던가...? 제가 느끼기에는 많이 느껴요.
그냥 얘기에 동조해줬는데 그게 제잘못이 되고 그런거...
상담자: B양은 싸우게 된 친구에게 어떻게 보면 거의 동조만 해
줬는데, 뒷담화를 주로 한 사람이 되어 억울하면서도,
어떤게 맞는건지 혼란스러워하는 것처럼 보이네요.

Q. 예시에서 요약을 확인하고, 상담자의 입장에서 다시 요약해
보세요.

(1) 내가 생각하는 요약은 무엇입니까?

(2) 요약의 요소 네 가지를 설명하세요.

요약반응 실습 관찰지

사례는 제시된 예시 중 선택하며 3인 1조로 상담자, 내담자, 관찰자로 역할을 정한다.

상담자: 중요한 내용과 감정을 잘 포함할 수 있도록 한다
내담자: 상담자의 반응에 적절한 리액션이 필요하다
관찰자: 연습상담을 관찰하며 요약반응 관찰지를 작성하고,
　　　　내용을 메모

1. 사용했던 요약의 내용을 적어보세요.

2. 상담자 반응 중에서 보완할 점을 적어보세요.

(1) 본인의 생각 작성

(2) 이를 위해 요약을 사용할 때 고려해야하는 요소가 네 가지 있다.
첫째, 내담자의 이야기에서 중요한 내용과 감정에 주의를 기울인다.
둘째, 요약을 하는 주체에 대해 누가 하는 것이 더 효과적일지를 결정한다.
셋째, 이야기에서 확인된 주된 내용과 감정을 정리하여 전달한다.
넷째, 요약에서 상담자의 새로운 견해는 배제해야 한다.

9. 직면

#모순 #불일치 #지적하기 #존중과 직면

사전적 의미의 직면은 어떤 상황에 맞닥뜨리는 것을 의미한다.

상담장면에서의 직면은 다른 말로 거울기법이라고 표현되기도 한다. 상담자가 내담자에게 내담자가 하는 언어, 행동, 태도 등을 스스로 바라보게 하기 때문일지도 모르겠다.

직면은 내담자가 보이는 모순을 확인하도록 한다. 그것이 내담자가 의식적 또는 무의식적으로 자신을 방어하는 모습일 수도 있고, 자신의 혼란스러움이나 불확실성을 드러내는 모습일 수도 있다. 직면은 내담자가 받아들이는 입장에서 굉장히 날카롭게 느껴질 수도 있다. 본인이 깨닫지 못하는 부분에 대한 지적을 당한다고 느낄 수 있기 때문에 상담자와 내담자의 관계가 돈독하고 신뢰로울 때 사용해야하는 기법 중 하나이다.

1) 직면의 개념

직면은 내담자의 삶에 유의미한 영향력을 끼치고 있지만 내담자가 의식적 또는 무의식적으로 회피하는 사실 때문에 모순되거나 불일치 되는 언행을 의도적으로 지적하면서 깨닫게 하는 기법이다. 대부분의 내담자는 문제가 해결되기 위한 변화를 원하면서도 그 문제를 확인하는 것을 두려워한다. 그 결과는 내담자가 방어하여 자신의 스스로에게 진실을 부정하거나 타인에게 자신을 숨기는 것으로 나타난다. 이때 직면의 사용은 내담자가 방어하고 부정하는 모습을 주목하게끔 내담자의 언어와 행동의 불일치점을 정확하게 지적하는 것이다.

직면은 내담자에게 다각도로 영향을 미칠 수 있다. 상담자가 직면을 사용하게 되면 내담자는 인정하고 싶지 않았던 감정이나 욕구를 인지하게 되고, 내담자가 자신의 문제를 다른 관점에서 볼 수 있게 하여 책임감을 갖도록 고무시킬 수 있도록 하며 부정적인 방어보다는 적절한 반어를 사용할 수 있도록 한다. 직면은 부조화와 애매모호함을 감소키키고 내담자가 스스로 수용하고 기능할 수 있도록 도움으로써 내담자가 자신의 변화를 믿고 변화를 위해 새로운 수단을 활용할 수 있게 한다.

직면을 사용하는 목적은 여러번 제시되었듯 내담자의 모순점이나 불일치점을 명료화함으로 내담자가 스스로를 이해하고 변화에 대한 동기를 높이는데 있다. 그러나 직면은 문제점을 공격하거나 비난하는 것으로 느껴져서 내담자가 상담을 거부하거나 방어를 높여 역효과를 일으킬 수 있다. 그렇다고 상담자가 직면을 피한다면 상담진행이 활성화 되기는 어렵다.

직면을 사용하는 경우는 다음과 같다.

불일치의 유형	직면의 예시
언어적 진술 간의 불일치	아까는 상관없다고 얘기했는데, 지금은 화가 났다고 말하는 군요.
말과 행동 간의 불일치	아빠를 사랑한다고 이야기하면서 팔짱을 끼고 있네요.
두 가지 행동 간의 불일치	당신은 웃고 있지만 눈물이 고여있군요.
두 가지 느낌 간의 불일치	엄마가 짜증난다고 느낌을 얘기했는데, 이야기하지만 엄마가 해준 것들에 대해 말하면 행복한 표정이네요.
행동과 가치 간의 불일치	다른 사람의 문화를 인정해줘야 한다고 말하면서 아들이 랩하는 것에 대해 인정해주지 않는 군요.
자신의 인식과 경험 간의 불일치	아빠가 당신을 사랑하지 않는다고 말하지만, 지난주에 선물을 사줬다고 하지 않았나요?
이상적 자아와 실제적 자아 간의 불일치	당신은 성공하길 원한다고 말하지만 결국은 실패할 것이라고 말하고 있군요.
상담자와 내담자의 생각 간의 불일치	당신은 게으르다고 말하지만 저는 당신이 성실하다고 생각해요.

직면을 사용할 때 유의해야 할 점은 다음과 같다.

첫째, 직면을 사용하는 것이 내담자의 변화를 위해 필요하고 치료적일 경우에만 사용한다.

둘째, 내담자의 특성을 고려하여 유연하고 상대적으로 적용되어야 한다.

셋째, 상담관계가 충분히 형성된 이후에 시기적절하게 사용되어야 한다.

넷째, 직면은 내담자가 했던 말이나 행동이 바탕이 되어 표현되어야 한다.

다섯째, 상담자는 신중하고 예의바르며, 가설적이고 공감적으로 직면을 사용하여야 한다.

여섯째, 내담자가 평가나 비난을 받았다는 느낌을 갖지 않도록 주의해야 하며 상담자의 일방적 해결책 제시는 안된다.

일곱째, 직면을 사용한 후에는 충분한 감정 반영과 경청을 통하여 내담자의 불안감을 해소시키도록 해야 한다.

2) 직면의 방법과 효과

(1) 직면의 방법

효과적인 직면은 내담자 스스로가 자신의 말과 행동에 대한 모순점을 파악하고 주의를 기울이게 만드는 높은 수준의 기법이다. 상담자는 직면을 사용하기 전 구체적인 방법을 익혀 적용해야 한다.

먼저 모순되거나 불일치되는 양면을 가설적으로 제시하는 표현방식을 제시해야 한다. 양면을 비교·대조하기 쉽게 제시하여 내담자는 자신의 비일관성이나 부조화를 스스로 확인하고 자기에 대한 이해와 문제해결 동기를 높일 수 있다. 또한 가설적 표현을 쓰는 것은 단정짓지 않는다는 점에서 더 효과적으로 쓰일 수 있다. 직면은 비판적이어서는 안되며 상담자와 내담자가 협력하는 과정 중에서 쓰이는 것임을 확인해야 한다. 또한 효과적 실시를 위해서는 구체적인 단계를 밟아 나갈 필요성이 있다. 내담자가 보이는 불일치는 지적받으면 강한 저항을 보일 수 있다. 불일치는 내담자에게는 충분한 근거가 있기 때문에 발달한 것이고 내담자의 일생에서 어떠한 목적이나 기능을 수행하는 역할을 했기 때문에 그 불일치를 포기하는 것은 자신의 일부를 떼어 내는 것으로 느낄 수 있다. 이러한 점들을 고려하여 직면은 이해에서 시작하여 변화를 위한 도전으로 나아가야 한다고 본다.

직면이 거쳐야 할 단계는 다음과 같다.

1단계: 내담자의 불일치에 도전적 지적보다는 직설적이고 양육적이며 공감적인 지적으로 표현한다.

2단계: 내담자와 함께 불일치에 대한 탐색을 통해 내담자가 그에 대해 인지하고 수용할 수 있도록 한다.

3단계: 내담자의 불일치가 발생한 원인, 방식, 현재 삶에 미치고 있는 영향 등을 탐색한다.

4단계: 내담자가 불일치의 의미와 영향을 인식하고 자신의 삶에서 불일치를 유지하도록 둘 것인지 여부를 의도적으로 선택하게 한다.

(2) 직면의 효과

① 자기인식

상담자가 제시하는 직면은 내담자가 스스로 '거울은 보는 느낌'을 느끼게 한다. 비록 그 모습이 모순되어 보일지라도 말이다. 내담자는 자신의 모습을 자각할 수 있는데, 그동안 깨닫지 못했던 부분이나 방어했던 태도들을 포함한다. 내담자에게 직면은 새로운 모습을 보여주는 것으로 느낄 수도 있는데, 자신의 모습 중 깨닫지 못했던 모습이기 때문이다. 또한 내담자가 당황하거나 의아해 할 수도 있기 때문에 상담자는 직면 후 내담자를 면밀히 관찰할 필요가 있다.

② 통찰

직면의 효과 중 가장 중요한 것이 바로 통찰이다. 직면을 통해 내담자는 자신의 모순된 점과 불일치하는 점 등 직면한 내용에 대해 이야기하고 이를 바탕으로 새로운 이해를 도모하게 된다. 직면은 내담자에게 통찰을 유도하는 것이 목적으로 한다.

직면은 내담자에게 학습경험이 되어 이후에 진행되는 상담이나 그 이후에도 자신의 모순이나 불일치를 찾고 문제발생시 이해력과 해결책을 찾는데 도움이 될 수 있다. 직면은 내담자의 문제해결에 방해가 되는 방어, 저항, 고정된 사고, 행동패턴 등이 내용이기 때문에 그 부분에 대한 통찰은 내담자의 문제를 새로운 관점에서 살피고 전략을 함께 도모할 수 있도록 한다. 직면에 의한 통찰은 내담자의 변화와 성장을 촉진시키는 것이어야 한다.

③ 상담의 환기

직면을 통해 초점이 맞춰지며 상담 자체의 분위기가 전환되는 경우가 있다. 직면의 내용은 내담자가 자각하지 못하는 것이기 때문에 특정 부분에 관심이 모아지고 그 부분이 이슈로 떠오르게 된다. 따라서 상담과정에 환기가 필요할 때에도 직면을 사용하게 된다. 특히 내담자의 관심사를 즉각 반영하도록 하는 효과가 나타난다.

④ 정서의 표출

내담자는 직면으로 인한 놀람, 당황함, 절망 등의 감정적 동요가 나타나기도 한다. 이러한 감정들이 표현되는 것은 숨겨져 있던 감정들이 정화될 수도 있다는 것을 뜻한다. 직면은 일시적으로 긴장과 불안을 야기시키기도 하지만 적절한 해소는 변화의 동기가 되기도 한다.

3) 예시

상담자: 요새는 학교생황이 어떤가요?

B: 똑같아요. 큰일은 없어요. S랑은 대화도 했어요.

상담자: S와 관계가 나아졌다는 이야기인가요? 요새 어때요?

B: 싸우기 전만큼 회복이 된 것 같기도 해요. 같이 급식도 먹으러 다니고 대화도 하니까요. 급식 같이 먹으면서 얘기하는게 얼마만인지 진짜 재밌더라구요.

상담자: 같이 급식먹으러 다니는 친구가 생겨서 행복해 보이네요.

B: 근데 S가 불러줘야 급식을 같이 먹을 수 있어요. 제가 먼저 얘기하는 건 아직 무섭더라구요. S가 안불러주면 같이 먹으러 갈 수 없어요.

상담자: S와 싸우기 전만큼 회복됐다고 들었는데, 지금은 먼저 부탁하는 얘기를 하는게 어려운 것처럼 보이네요.

B: 그런 면이 있죠. 아무래도 예전으로 아예 돌아가기는 어려우니까요.

상담자: S랑은 어떻게 지내고 싶은거죠?

B: 그냥 전처럼... 그런거요.

내담자는 오빠 한 명에 나이차이가 많이 나는 언니가 두 명인 집안에서 늦둥이 막내 딸로 자란 30대 기혼 여성이다. 그녀는 1남 1녀의 자녀를 두고 있지만 아직도 무슨 일이 생기면 언니들에게 연락하여 도움을 받고 있다. 직장생활에서 만난 남편은 결혼 10년차부터 사이가 나빠지면서 별거를 하고 있으며 내담자가 자살을 시도하였고, 오빠와 언니들이 관여하여 이혼을 진행중이다. 상담이 진행되는 동안 매번 함께 동행했던 언니들은 내담자가 너무 어리고 세상물정을 전혀 모르니 잘 보살펴

달라고 신신당부를 하였다. 상담자가 파악하기에는 내담자는 스스로를 나약하게 보임으로써 언니들에게 동정심을 유발하는 작전을 쓰고 있다.

내담자: 10번 만나는 동안 상담이 저에게 많은 도움이 된 것 같아요. 저는 상담시간을 통해 선생님에게 많은 도움을 받아 행복했어요. 이렇게 든든한 분과 함께 해서 저는 너무 행복해요.

상담자: 도움을 받으셨다고 표현해주시니 감사합니다. 하지만 ○○ 씨가 달라지고자 하는 의지를 가지고 있었기에 일어난 변화라고 저는 생각합니다. 혹시 스스로 선택하고 책임지는 것이 두려워 언니들이 개입하게 만들고 있지는 않나요?

(1) 내가 생각하는 직면은 무엇입니까?

(2) 직면을 사용할 때 네 가지 단계를 작성하세요.

(3) 다음 문제에 제시된 반응에 대한 설명으로 적합한 것을 고르시오.

- 성적이 많이 떨어져 상담중인 중학교 3학년 남학생

  내담자: 저는 성적이 떨어져도 크게 걱정 안해요.

  a. 성적따위야 상관없다는 말이니?

  b. 성적이 떨어졌는데도 걱정이 안된다는 말은 이상하게 들리는구나.

  c. 성적은 별로 안중요하지.

- 대인관계에서 어려움을 겪고 있는 내담자

  내담자: 누굴 만날 때 신경을 쓰는 것은 너무 유치해요.

  상담자: 사람 만날 때 신경쓰는 것이 유치하게 느껴지는군요.

  내담자: 이번주 토요일에 동창회가 있는데, 뭘입고 나갈지 고
  민이예요.

  a. 당신의 매력을 잘 살려줄 수 있는 의상을 골라야죠.

  b. 사람들은 옷으로 누군가를 평가하죠.

  c. 당황스럽네요. 방금 누굴 만날 때 신경쓰는 것이 유치하다
  고 표현하시더니 갑자기 동창회에 나갈 옷을 고민하시다
  니 말입니다. 사람들에게 멋진 모습을 보이고 싶은가봐
  요?

(4) 내담자의 상황이나 반응에 대해 직면 연습을 해보시오.

> 학교의 정해진 규칙에 대해 불만을 토로하는 내담자
> 내담자: 한사람의 개성을 뺏는 학교 교칙은 너무 답답하고 고리
> 타분한 것 같아요. 엄격한 규칙에 얽매어 사는 것은 우
> 리의 자유에 대한 침해라고 생각합니다. 교칙을 다 없
> 애야 해요.

- 직면 반응

> 내담자: (화가난 듯 표정이 딱딱하게 굳어있다) 저는 동생을 사
> 랑해요. 언제나 동생과 함께 하고 싶죠.

- 직면 반응

직면 실습 관찰지

　사례는 예시 중 선택하며 3인 1조로 상담자, 내담자, 관찰자로 역할을 정한다.

상담자: 예시를 바탕으로 한 적절한 직면 반응
내담자: 상담자의 반응에 대한 적질한 반응
관찰자: 연습상담을 관찰하며 직면 반응 관찰지를 작성하고,
　　　　내용을 메모

1. 사용했던 직면의 내용을 적어보세요.

2. 상담자 반응 중에서 보완할 점을 적어보세요.

(1) 본인의 생각 작성

(2) 1단계: 내담자의 불일치에 도전적 지적보다는 직설적이고 양육
적이며 공감적인 지적으로 표현한다.

2단계: 내담자와 함께 불일치에 대한 탐색을 통해 내담자가 그
에 대해 인지하고 수용할 수 있도록 한다.

3단계: 내담자의 불일치가 발생한 원인, 방식, 현재 삶에 미치
고 있는 영향 등을 탐색한다.

4단계: 내담자가 불일치의 의미와 영향을 인식하고 자신의 삶
에서 불일치를 유지하도록 둘 것인지 여부를 의도적으
로 선택하게 한다.

(3) −b
−c

(4) 교칙이 학생들의 자유를 구속하는 역할만 하는 것일까?

직면 반응의 5수준

수준 1: 언어 및 행동표현에 있어서 상대방의 모순된 행동 (이상과 현실, 통찰과 행동, 상담자와 내담자의 경험 간의 불일치)을 전부 무시하는 수준

수준 2: 언어 및 행동표현에 있어서 상대방의 모순된 행동을 상당히 무시하는 수준

수준 3: 상대방의 행동에서 나타나는 모순에 접근되어 있기는 하나 자신의 언어 및 행동표현에 있어서는 직접적으로 또는 구체적으로 표현되어 있지 않는 수준

수준 4: 언어 및 행동표현에서 상대방의 모순된 행동에 직접적으로 명확하게 주의를 기울이는 수준

수준 5: 언어 및 행동표현에서 상대방의 모순된 행동을 날카롭게 계속적으로 직면시키는 수준

10. 즉시성

#지금-여기 #통찰돕기 #지금의 감정 #대인관계 향상

상담자는 대부분 지금-여기를 강조한다. 내담자가 과거에 경험했던 중요한 일이든, 미래에 일어날 일이든 현재로 가져와 경험하도록 하는 것이다. 즉, 내담자에게 현재 진행중인 경험을 강조한다. 즉시성은 상담자와 내담자의 관계 안에서 상담자는 내담자에 대해서, 상담자 자신에 대해서 그리고 상담과정 그 자체에 대해 어떻게 느끼고 생각하는지를 함께 나누고 내담자와 함께 솔직하게 다루는 것을 의미한다.

즉시성은 세 가지 유형으로 구분되는데, 상담관계가 발달하는 것과 치료과정이 미치는 영향을 언급하는 관계 즉시성, 상담자와 내담자 사이에서 곧바로 일어나는 상호작용에 관한 언급하고 다루는 지금-여기 즉시성, 상담자의 내담자 또는 상담관계에 대한 느낌을 이야기하는 자기 관여적 진술에 분류한다.

1) 즉시성의 개념

즉시성은 상담자의 인식을 내담자에게 내담자에 대한 반응을 표현하는 방식이다. 즉, 즉시성은 상담자가 스스로의 개인적 감정과 반응을 통해 내담자의 통찰을 이끌어 내는 방식이다. 즉시성은 상담자가 전문가적인 반응을 바탕으로 하기보다는 가면을 쓰지 않은 있는 그대로의 자신을 나타내도록 해야 하며 개방적이고 정직하게 표현해야 한다. 여기서 개방은 상담자의 자기개방, 즉 상담자가 자신의 삶과 느낌 등, 상담자가 자기 속의 많은 정보와 느낌을 노출하는 것을 의미하지 않는다. 상담자의 자기개방보다 즉시성은 상담자보다는 내담자에 중점을 두어 반응하도록 하는 것이다.

예를 들어 자기개방의 경우 "저도 당신처럼 ~한 경우가 있었는데..."라고 과거 시제로 기술된다면, 즉시성은 "당신의 이야기를 들으니 마음이 매우 아프군요."처럼 현재 시제로 기술된다. 이러한 자기개방은 즉시성에 비해 적당한 시기와 적절한 수준에서 간단하게 표현되도록 한다.

즉시성은 상담분위기를 형성하는 요소 중 하나로 상담자와 내담자 사이의 상담관계를 형성하는데 중요한 역할을 하게 되고, 상담결과에도 많은 영향을 미친다. 상담자가 내담자와 관련하여 솔직하게 개방할 때 상담자를 보다 인간적으로 느끼게 하고, 스스로 솔직하게 표현하게 되어 상담관계가 한층 깊어질 수 있다. 상담관계가 형성되지 않았을 경우 '지금-여기'에 대해 다룰 준비가 되지 않은 내담자에게는 즉시성이 위협적이고 불안하게 경험될 수 있다. 즉시성 반응은 민감한 주의와 기술, 상담자의 민감성이 요구되는 기술이다.

즉시성의 필요성은 총 네 가지로 정리될 수 있다.

첫째, 즉시성 반응은 의사소통이 명확성이 증가시켜 치료의 질을 증진한다.

둘째, 상담관계에서 발생하는 대인관계적 갈등에 대한 해결 기회를 제공한다.

셋째, 내담자가 가지고 있는 대인관계 유형을 파악하는데 도움이 된다.

넷째, 중요하고 깊이 있는 탐색 주제를 도출한다.

즉시성의 유형으로는 상담자가 내담자에 대한 생각이나 느낌, 내담자와의 관계에서 경험할 수 있는 상담자 자신에 대한 생각이나 느낌, 상담과정에 대한 인식으로 크게 분류할 수 있다.

즉시성을 위한 주의사항은 가장 중요한 것은 즉시성을 사용할 때에는 내담자에 대한 공감과 이해가 바탕으로 내담자의 자존감을 보호해야 한다는 것이다. 그 외에도 즉시성이 내담자를 힘들게 하는 도전의 일부일지라도 변화의 동기가 될 수 있다는 믿음이 있어야 한다. 또, 상담자는 자신의 감정에 대한 믿음을 가지고 있어야 한다. 마지막으로 상담자는 즉시성을 부적절하거나 무의식적으로 자신이 필요한 경우에 사용해서는 안된다.

"지금-여기"

과거의 사건보다는 주로 내담자가 인간관계에서 현재 느끼고 있는 감정과 정서에 주목하여 상담장면의 '지금-여기'에서 내담자의 감정과 행동에 주목한다.

대체로 내담자는 자신의 문제를 과거의 어떤 사건이나 경험의

탓으로 돌리고 과거의 문제에 매달리는 경향이 있다. 과거에 머무름으로써 자신의 존재방식에 대해 타인을 비난하는 게임을 끊임없이 할 수 있고, 그래서 다른 방향으로 움직일 자신의 능력과 절대 마주치지 못한다. 상담자는 내담자가 직접적인 접촉을 통하여 경험하면서 그 순간의 감정과 사고를 자각하도록 하는 데 초점을 둔다. 그러나 현재에 초점을 둔다는 것이 과거에는 관심이 없다는 의미가 아니라 과거는 내담자의 현재와 관련되어 있는 것으로서만 중요하다는 뜻이다. 상담에서 '지금-여기'란 내담자가 현재를 온전히 음미하고 경험하는 학습을 강조하는 것이다.

일반적으로 단기상담에서 초점은 내담자의 현재 문제 증상, 반복적으로 일으키는 대인관계 등에 맞추어진다. 또한 아동기의 기억, 꿈, 전이, 해석 등도 다룰 수 있지만, 이러한 내용이 현재에 직접적으로 영향을 미치고 있는 경우에 한해서 다루어진다. 상담자의 이론적 입장에 따라 상담의 형태는 다양할 수 있지만, 상담자는 내담자에게 최근에 일어났던 의미 있는 경험자료에 초점을 맞추고 일반적이고도 모호한 내용에서 구체적인 내용으로 주목하도록 한다.

즉, 지금은 곧 경험이며, 경험은 곧 인지이고, 인지는 곧 현실이 되는 것이다. 집단에 대한 신뢰나 안정감이 덜 발달된 집단 초기단계에 집단구성원들은 흔히 지금-여기에 집중하기보다는 그 회기에 가지고 온 집단 외부의 이야기, 과거의 경험과 관련된 이야기를 꺼낸다. 이때 집단상담자는 집단구성원이 가지고 온 그때 거기의 이야기들을 집단 내에서의 경험과 관련짓도록 하는 것이 바람직하다.

2) 즉시성의 방법과 효과

(1) 즉시성의 방법

상담자는 스스로에 대한 신뢰와 이해를 가져야 즉시성 반응을 바탕으로 내담자가 개방적인 감정 표현을 할 때 방어적으로 반응하지 않을 수 있다. 내담자는 직접적으로 반응해야 하므로 기술과 용기가 필요하다.

① 내담자에게 집중하기

상담자는 주의집중과 경청을 이용하여 즉시성을 표현하도록 한다. 상담자는 내담자에게 느끼는 스스로의 감정에 대한 이해를 통해 무의식적으로 나오는 자동적 반응을 멈추도록 해야 한다. 내담자의 행동에 대한 비판이나 비난이 아닌 왜 그런 행동을 하는지 원인에 관심을 가져야 한다.

② 의도 파악하기

상담자는 상담을 진행하면서 내담자의 행동에 대한 충분한 근거를 가지고 파악할 필요성이 있다. 자신의 어떤 점에 문제가 발생하고 감정이 촉발되는지 스스로 평가해야 한다. 상담자와 내담자의 관계가 직접적인 의사소통으로도 버틸 만한지도 평가해야 한다.

③ 즉시성 사용하기

상담자는 상담과정에서의 자신의 역할을 인식하게 되면, 상담자는 내담자의 행동에 대한 피드백을 타인에게서 받아오도록 요구하게 되며 그로 인해 자신의 행동에 대한 타인의 시선을 알게 된다. 이 과정을 통해 내담자는 자신의 행동을 어떻게 선택할 것인지 방향을 결정할 수 있다.

④ 상호작용 처리하기

상담자는 내담자에게 즉시성 반응을 한 경우 이후의 반응을 확인하도록 한다. 상담은 서로 주고받는 과정이기 때문에 서로에게 피드백과 반응을 얻어야 한다.

(2) 즉시성의 효과

① 내담자의 통찰을 돕는다.

즉시성은 상담관계에서 통찰을 얻을 수 있는 중요한 기술로, 내담자의 탐색 및 통찰에 도움이 되는 기법이다. 상담자는 내담자를 통해 얻은 반응을 표현함으로써 내담자로 하여금 타인의 반응을 확인하고 스스로 더 잘 이해하도록 돕는다. 즉시성을 표현하는 방식에는 '나 메시지' 형식을 취할 수 있다.

② 상담관계의 발전을 돕는다.

즉시성은 상담이 정체되거나 상담자와 내담자 사이에 신뢰감과 관련된 문제가 발생했을 때, 상담자와 내담자 사이에 긴장감이 존재할 때, 서로에 대한 매력을 느낄 때 유용하다고 보았다. 특히 즉시성은 상담 장면에서 내담자가 보이는 저항이나 침묵에 효과적으로 대처할 수 있는 기법이기도 하다.

3) 예시

> 상담자: 지난주에 상담에 결석을 하였는데 무슨 일이 있었나요?
> A: 까먹었어요. 친구랑 약속도 있었구요.
> 상담자: 그랬군요. A군이 한번도 연락없이 상담을 빠진 적이 없어서 무슨일인지 걱정했어요.

A: 그냥 까먹었어요.

상담자: 최근 들어 상담내용에 진전이 없는 것같은데 A군은 어떤가요?

A: 다른건 괜찮은데 그냥 오기가 귀찮았어요.

상담자: A군이 불만이 있으면 솔직히 이야기 해도 괜찮아요. 저번에 상담자가 어머니와 비슷한 면이 있어 무슨 얘기를 꺼내가 어렵다고 한 것과 연관이 있는건 아닌지 물어보고 싶어요.

A: 상담한다고 바뀌는 건 있나 하는 생각이 들긴했어요.

상담자: 음, 그렇게 이야기 하니까 이해가 되네요. 상담 진행하는 것에 고민이 있었군요.

A: 어차피 얘기해도 해결되지 않을 것같다는 생각이 자꾸 드니까요.

(1) 내가 생각하는 즉시성은 무엇입니까?

(2) 즉시성의 필요성은 무엇입니까?

(3) **다음 문제에 제시된 반응에 대한 설명으로 적합한 것을 고르시오.**

• 상담관계에 대한 불안을 호소하는 내담자

내담자: 선생님하고 잘 지내왔는데, 요새 별별 생각이 다들어서 잠이 잘 안와요. 물어봐도 저는 대답 못하겠어요. 이야기 하면 할수록 더 이상해 질거고, 선생님은 절

이해 못하시면 어쩌죠?

a. 그 생각들이 우리 관계를 변화시킬까봐 두려운 것 같네요. 저도 좋은 관계가 깨어진다고 생각이 들면 말하기가 어려울 것 같아요.

b. 우리가 좋은 관계를 맺어 왔다고 얘기하면서도 구체적인 얘기를 하지 못하는 것을 보니 실망스럽네요.

c. 당신 생각을 듣고 싶으니 얘기해보세요.

• 학교에서 은근히 따돌림을 받고 심리적으로 위축된 내담자

내담자: 학교 관두고 검정고시를 보고싶어요. 다 멍청이 같고 거지 같아요. 학교를 다녀야 할 이유도 모르겠고, 애들은 다 저 무시하고, 선생님은 저보고만 참으라 하잖아요.

a. 네가 분노를 나에게 터뜨리는 것처럼 느껴져. 그래서 나도 두렵고 공격을 받는 느낌이라서 속상하기도 하네. 물론, 모두 너를 무시하고 아무런 도움이 되지 않는 느낌이 드는 것은 두려울 수 있어.

b. 나의 어떤 말이 참으라고 하는 것처럼 느껴졌니?

c. 선생님에게 화를 내는거니? 버릇없이 구는 걸보니 굉장히 불쾌하구나

(4) 내담자의 상황이나 반응에 대해 즉시성 연습을 해보시오.

내담자가 표현하는 언어적·비언어적 메시지가 일치하지 않을 때

내담자: 뭘 이야기하고 싶은지 오늘은 전혀 모르겠네요(약간의

침묵과 함께 창밖을 잠깐 쳐다본다). 부모님과 진로에 대해서 충분히 얘기했어요(창밖을 다시 쳐다보다가 바닥을 쳐다본다). 이야기는 잘 마무리 된 것 같아요.

– 즉시성 반응

즉시성 반응 실습 관찰지

사례는 A, B 중 선택하며 3인 1조로 상담자, 내담자, 관찰자
로 역할을 정한다.

상담자: 즉시성으로 반응하는 연습
내담자: 상담자가 잘 진행할 수 있도록 정보를 제공
관찰자: 연습상담을 관찰하며 즉시성 반응 관찰지를 작성하
고, 내용을 메모

1. 사용했던 즉시성의 내용을 적어보세요.

2. 상담자 반응 중에서 보완할 점을 적어보세요.

(1) 본인의 생각 작성

(2) 즉시성의 필요성은 총 네 가지로 정리될 수 있다.
　　첫째, 즉시성 반응은 의사소통이 명확성이 증가시켜 치료의 질
　　　　을 증진한다.
　　둘째, 상담관계에서 발생하는 대인관계적 갈등에 대한 해결 기
　　　　회를 제공한다.
　　셋째, 내담자가 가지고 있는 대인관계 유형을 파악하는데 도움
　　　　이 된다.
　　넷째, 중요하고 깊이 있는 탐색 주제를 도출한다.

(3) －a
　　－a

(4) 이야기가 잘되었다고 이야기 하시는데 말하는 것이 힘든 것처
　　럼 느껴지네요.

즉시적 반응의 5수준

수준 1: 상대방이 자신과의 관계에 대하여 표현하는 것에 관
　　　　심을 전혀 보이지 않는 수준
수준 2: 상대방이 자신과의 관계에 대하여 표현하는 것에 거
　　　　의 관심을 보이지 않는 수준
수준 3: 상대방이 자신과의 관계에 대하여 표현하는 것에 관
　　　　심을 갖고 상대방의 표현에 대체로 적절한 반응을
　　　　보이나 그 내용이 직접적이고 구체적이지 못하다.
수준 4: 상대방이 자신과의 관계에 대하여 표현하는 것에 큰
　　　　관심을 보여 직접적이고 구체적인 반응을 하는 수준
수준 5: 상대방이 자신과의 관계에 대하여 표현하는 것에 깊
　　　　은 관심을 갖고 상대방의 표현에 매우 적절한 반응
　　　　을 보이고, 표현 내용이 대단히 직접적이고 명료하
　　　　여 상대방의 깊은 수준의 자기 탐색을 촉진하는 수준

11. 해석

#다른 의미 #다른 관점 #자기이해와 수용 #근본적 원인파악

상담이 진행되는 과정에서 내담자는 많은 이야기를 하게 되고 오히려 자신의 문제를 확인하거나 구조화하기 어려워지기도 한다. 특히 꽤 오래 지속된 경우, 문제가 다양하게 얽혀 있어 자신의 문제는 매우 어렵고 변하지 못하는 것으로 느껴질 수도 있다. 문제의 파악에서 시작되는 문제해결의 실마리는 해석을 통해 내담자의 문제에 대한 이해는 통찰을 얻고 해결책을 찾은 시작점이 된다.

해석은 내담자가 하는 말, 행동, 태도, 감정 등에 대한 의미를 설명하는 기법이다. 단지 내담자의 이야기를 정리하는 재진술, 요약, 반영 등과는 다르게 해석은 상담자가 내담자가 찾지 못하는 점을 찾아 의미를 파악하도록 도와주는 것이다. 상담기법 중에서도 전문성이 드러날 수 있는 몇 안되는 것 중 하나이다. 해석은 상담 과정에서 상담자가 내담자에게 하는 이야기의 내용이 경험과 문제간에 연결과 의미, 영향을 파악하고 자신의 의견을 제시하며 내담자와 논의하는 과정이다. 또 해석은 기존의 시각과 다른 시각을 제시하기 때문에 직면과 함께 도전적 기법 중 하나로 분류된다. 그러나 모순적 부분을 찾는 것과는 다르게 새로운 의미나 이유를 제시한다는 점에서 직면과는 구분된다.

1) 해석의 개념

해석은 내담자가 인식하지 못하는 애용들을 일깨워주는 상담자의 기법이다. 특히 내담자의 말에 담긴 숨은 의미, 다른 관점을 제시함으로써 내담자가 자신이 겪은 경험, 행동, 감정, 생각 등을 다시 생각해 볼 수 있게 한다. 정신분석을 창안한 프로이드는 해석을 치료적 작업의 핵심이라고 보았다. 따라서 해석은 상담자가 내담자의 현재 행동, 감정, 사고의 원인을 설명하고 통찰하게 하여 새로운 관점을 제곤하여 자기 이해와 문제해결을 돕는 핵심적 상담기법이다.

내담자는 상담자가 현재의 증상이나 감정, 사고, 행동의 패턴을 정확하게 설명해 줄 수 있어야 하고 과거의 경험과 연결시켜 주는 해석은 내담자가 심층적으로 이해하고 자신의 문제에 대한 새로운 관점을 가질 수 있게 해주어야 한다.

해석을 잘못 사용하게 될 경우에는 상담자와 내담자간의 치료적 관계가 오히려 손상되는 상황이 발생할 수 있다. 해석이 위협으로 느껴지기 때문에 해석을 사용할 때에는 전문성이 꼭 필요하다.

해석에서 사용되는 내용으로는 총 세 가지를 들 수 있다. 첫 번째는 문제의 진단과 분석결과이다. 해석은 내담자의 문제를 진단하고 분석하는 내용이 포함된다. 상담을 시작할 때 내담자가 호소하는 내용을 듣고 핵심적인 문제를 파악하고 설명해주게 되는데, 이것도 해석에 해당된다. 상담자의 분석은 인과관계나 증상의 의미가 해당될 수 있다. 또한 내담자가 보이는 문제의 패턴과 의미를 포함하는 내용이 된다.

두 번째는 저항과 직면을 한 이후 해석을 하는 것이다. 내담자가 상담에 대한 저항을 하는 것이나 모순된 점을 이야기하는 것에 대해 해당 기법을 사용한 이후 내담자에게 사용한 이유에 대해 설명을 해주는 것이 해석에 포함된다.

마지막으로 심리검사 및 평가인데, 심리검사에 대한 해석은 무엇보다 심리검사에 대한 전문지식이 있는 상담자가 진행해야 하며 내담자의 이해와 결과를 어떻게 받아들이지를 확인하는 것이 필요하다.

해석을 사용할 때 유의점은 다음과 같다.

첫째, 해석은 상담자와 내담자가 충분히 안정되고 신뢰로운 상담관계가 형성되었을 때 이루어져야 한다.

둘째, 해석의 시기는 상담의 중기나 종결에 실시되는 것이 효과적인데, 내담자의 자기이해나 통찰이 어느 정도 이루어진 후여야 한다.

셋째, 해석은 구체적인 정보를 근거로 하여 내담자의 전체에 대해 이루어져야 한다.

넷째, 해석은 내담자의 인지적, 성격적 특성을 고려하고 현재 욕구를 존중하며 이루어져야 한다.

다섯째, 한 회기에 해석이 과도하게 실시되지 않도록 한다.

여섯째, 해석을 사용할 때는 내담자가 이해하기 쉽도록 내담자의 언어를 활용하고, 가설적으로 표현하는 것이 좋다.

일곱째, 해석은 공손하고 조심스러운 태도를 가지고 있어야 한다.

2) 해석의 방법과 효과

(1) 해석의 방법

해석을 실시하는 과정은 총 여섯 단계로 정리할 수 있다.

첫째, 해석을 위한 토대 마련하기

해석의 토대는 상담자와 내담자간의 우호적이고 신뢰로운 상담관계이다. 더불어 내담자의 특성, 내담자의 인지적·정서적·신체적 문제해결에 대한 의지 등이 충분히 고려되어야 한다.

둘째, 해석을 위한 명료화 질문하기

명료화는 해석을 하는 것에 대해 정확하고 많은 양의 정보를 제공할 수 있다. 내담자에게 맞는 해석과 그 해석을 받아들일 준비가 되었는지 알아보는데 있어 유용하다.

셋째, 경청을 통해 해석을 위한 단서 모으기

적당한 해석으로 발전되기 위해서는 내담자가 말을 하다가 말거나 혼란스럽게 이야기하거나 함축적으로 이야기 하는 것에 주의를 기울이는 것을 포함한다.

넷째, 해석 제공하기

해석은 상담자가 일방적으로 제시하는 것보다는 내담자가 함께 하는 협력관계에서 제공되어야 한다. 상담관계 역시 준비되어 있어야 하며, 다양한 근거들이 활용하여 제공되어야 한다.

다섯째, 내담자의 해석 부인에 대처하기

보통 해석은 내담자가 받아들일 수 있을 때까지 되풀이 하여 전달한다. 내담자가 해석을 받아들이지 않거나 부정적으로 반응을 한다면 해석이 옳을 경우 다시 해석을 해줄 기회를 기다리는 것이 좋다. 만약 틀렸다면 내담자를 더 잘 이해한 작업이 필요하다.

여섯째, 해석 확장하기

내담자가 스스로에 대해 더 깊이 이해할 수 있도록 내담자에 대한 해석을 다양한 상황에서 확장되도록 적용한다.

이와 같이 해석을 실시할 때에는 단계적으로 진행하는 것이 효과적이다.

(2) 해석의 효과

① 통찰

해석은 내담자로 하여금 자신의 경험과 상황에 대한 의미부여의 측면에서 새로운 통찰을 유도하는 것이다. 해석을 통해 자신의 문제에 대해 새로운 이해를 하게 되는 통찰을 획득하게 한다. 통찰은 한번의 해석으로도 가능하지만 반복적인 해석에 의해 이루어지기도 한다. 해석이 반복될 경우 상담자는 해석의 내용을 정리해 주는 것도 필요하다.

② 상담 점검 및 문제해결 방안 탐색

상담 요약 및 점검의 해석은 내담자에게 통찰을 제공하는 역할뿐 아니라 통찰내용을 응집시키는 역할도 한다. 상담의 내용뿐 아니라 통찰된 내용까지 함께 핵심적인 부분으로 요약될 수 있다. 해석에 대한 논의는 상담자와 내담자를 통해 더 깊은 통찰을 이끌어

가게 된다.

③ 내담자의 내적 준거 확인

상담자의 해석을 내담자가 어떤 부분을 어떤 방식으로 받아들이는지를 살펴보면 '내담자가 상담자의 해석을 어떻게 해석하는가'를 알 수 있다. 내담자의 내적 준거를 확인하는 의미에서 상담자는 자신의 해석에 대한 내담자의 반응을 면밀하게 살필 필요가 있다.

④ 저항과 방어의 해소 효과

해석은 내담자의 불안을 완화시킴으로 상담의 진행을 원활하게 만들 수 있다. 해석은 정신분석적 이론을 바탕으로 자유연상, 전이, 저항, 방어 등에 사용될 수 있다.

3) 예시

> 상담자: 상담에서 S양과 학교에서 있었던 일, 친구관계에 대해서 이야기 해왔는데 너에게 어떤 변화가 있었는지 궁금해요.
>
> B: 싸웠던 것에 대해서 고민했는데, 지금은 그냥저냥 지내고 있어요.
>
> 상담자: 그래, S양과 급식도 같이 먹고 대화도 나눈다고 했지만 학교 생활과 친구관계에서는 여전히 어려움을 겪고 있는 것 같네요?
>
> B: 아쉬운 부분이 있는데 문제는 없어요. 어차피 학년 올라가면 바뀌니까 그때 새로 친구들 사귀면 되지 않을까요?
>
> 상담자: 학년이 바뀌어 반이 바뀌는 것을 기다리면서 참겠다는 거네요?
>
> B: 그런 면이 있어요.

상담자: 선생님이 보기에는 관계적인 문제에서 늘 시간이 지나가기를 기다리는 것 같아 보이네요.

B: 그건 아니라고 보는데요.

상담자: 부모님과 문제가 생겨도 그렇고 친구와의 관계에서도 알아주기를 바라고 있는 것 같아요.

(1) 내가 생각하는 해석은 무엇입니까?

(2) 해석의 실시 단계를 작성하세요.

(3) 다음 문제에 제시된 반응에 대한 설명으로 적합한 것을 고르시오.

- 대학교 2학년 여대생이 성적 부진에 대해 고민중이다.

  내담자: 어제 부모님이랑 저녁 식사를 함께 했는데, 너무 비참했어요. 이번에 임용고시 합격한 언니 이야기만 하고, 제가 무슨 이야기하면 다 무시당했어요.

a. 임용고시를 합격한 언니 이야기만 해서 속상했겠어요.

b. 부모님이 당신에게 관심이 없는건가요? 당신이 부모님의 그런 행동을 바꾸는 것은 어려워요.

c. 자신에게 관심을 표현해주고, 믿음을 주셨으면 하고 바라는 군요.

• 불안과 무기력을 호소하는 대학교 4학년 여학생이다.

내담자: 취업준비를 하려고 해요. 이제 독립하기는 해야겠죠. 근데 엄마 곁을 완전히 떠나는 건 불가능할 것 같아요. 근데 엄마는 항상 저를 밀어내요. 어릴 때부터 늘 그래왔어요.

a. 독립하고 싶은 의지

b. 취업에 대한 고민

c. 어머니의 사랑을 받고 싶다.

(4) 내담자의 상황이나 반응에 대해 해석 연습을 해보시오.

> 권위적이고 완벽주의적 아버지의 아들로 아버지의 간섭과 제재를 받으며 생활하고 있는 내담자
>
> 내담자: 고등학교 졸업하고 이제 대학교 다니고 있는데 아직도 왜 공부 안하냐, 취업준비는 하고 있냐 매일 잔소리가 잔뜩이예요. 학점도 계속 곤두박질 치고 있는데 발등에 불떨어졌다고 어쩔꺼냐고 이야기하는데 저는 어떻게 해야할지도 모르겠고 답답하고 무기력해집니다.

– 해석 반응

해석 실습 관찰지

사례는 A, B 중 선택하며 3인 1조로 상담자, 내담자, 관찰자로 역할을 정한다.

상담자: 내용을 해석하는 연습
내담자: 상담자가 잘 진행할 수 있도록 정보를 제공
관찰자: 연습상담을 관찰하며 해석 관찰지를 작성하고, 내용을 메모

1. 사용했던 해석의 내용을 적어보세요.

2. 상담자 반응 중에서 보완할 점을 적어보세요.

(1) 본인의 생각 작성

(2) 해석의 방법
   해석을 실시하는 과정은 총 여섯 단계로 정리할 수 있다.
   첫째, 해석을 위한 토대 마련하기
   둘째, 해석을 위한 명료화 질문하기
   셋째, 경청을 통해 해석을 위한 단서 모으기
   넷째, 해석 제공하기
   다섯째, 내담자의 해석 부인에 대처하기
   여섯째, 해석 확장하기

(3) ― c
   ― c

(4) 어쩌면 당신이 공부에 매진하기 어려운 것이 아버지에 대한 분노 때문일 수도 있겠네요.

12. 자기개방

#모델링 #솔직한 표현 #문제탐색 #개인적인 것

자기개방은 내담자에게 도움이 되는 정도의 상담자 개인정보를 의도적으로 공개하는 것이다. 상담자 개인정보란 상담자가 가지고 있는 생각, 가치, 느낌, 태도를 포함한 다양한 개인적인 것들을 뜻한다. 상담자 자기개방은 내담자에게 모델링으로 제시되어 자기개방을 촉진하고 상담자에 대한 인간적인 신뢰감이 증진되며 함께한다는 느낌을 줄 수 있다.

자기개방은 상담에서 효과적이라는 결과와 효과적이지 않다는 결과가 공존하지만 적절하게 사용된다면 대게 효과적인 기법이다. 적절한 자기개방은 상담관계를 발전시키고 내담자에 대한 이해를 촉진시키며 문제해결과 상담전략을 개발하는 것을 돕기 위해 사용된다.

1) 자기개방의 개념

자기개방은 적절하게 사용되면 매우 효과적인 상담기법이다. 상담자의 적절한 자기개방은 내담자의 자기개방을 촉진하고 상담자와 내담자 사이의 관계에서 신뢰감을 증진시키며 서로 동등한 관계를 형성하도록 돕는다.

자기개방의 의미를 살펴보면 상담자의 개인적인 정보들을 내담자가 하는 이야기와 연관되는 내용으로 내담자에게 드러내는 것이다. 상담자의 개인정보란 상담자가 가지고 있는 생각, 가치, 느낌, 태도를 포함한 개인적인 것들을 말한다. 상담자는 자기개방을 통해 내담자에게 자신을 인간적으로 드러내며, 더 높은 수준의 신뢰감과 의사소통을 솔직하게 진행할 수 있게 한다. 대게의 내담자들은 초기에 자신의 이야기를 털어 놓는 것에 어려움을 느끼거나 자기개방을 불편하게 느끼거나 방법을 모를 수도 있다. 이때 상담자가 자기개방을 하는 것으로 모델링을 하도록 해줌으로 내담자는 자신의 문제와 해결에 대한 자원에 초점을 맞출 수 있게 된다. 즉, 적당한 시점에서 이루어지는 자기개방은 내담자의 통찰을 이끌어 내기도 한다. 자기개방이 너무 빠른 경우 상담과정에 방해를 가져온다.

자기개방에 영향을 미치는 요인들이 있다. 상담자의 이론적 배경에 따른 많은 영향을 받는다. 대표적으로 전통적 정신분석이론에 바탕을 둔 상담자는 자기개방에 제한을 둔다. 치료과정의 초점은 내담자와의 전이관계에 두기 때문에 상담자의 자기개방은 전이관계 형성이 방해가 된다고 여기며 중립적인 태도를 취하게 된다. 반대로 인본주의 이론에서는 자기개방을 상담관계를 형성하는 도구로 활용한다. 상담자의 상담 경력에 따라서도 다른 양상이 나타난다. 초보 상담자의 자기개방은 내담자에게 도움을 주기보다는 자신의 불안을 처리하기 위한 것일 수도 있고, 노력한 상담자는 자기개방을 자유롭게 사용할 수 있게 된다. 상담자의 자기개방은 회기에 따라서 달라진다. 상담 초기에는 상담자에 대한 사실적 정보, 경력, 자격 등에 대한 것들이 주가 되며, 상담 중기에는 상담자의 개인적 경험, 통찰, 전략 등이 주로 개방된다. 회기가 진행될수록 다양한 형태의 자기개방을 경험하게 된다. 내담자 요인은 문화, 인물, 민족, 성별, 성 정체성, 다양성 요인과 내담자의 치료욕구, 선호, 기대 등을 포함할 수 있다.

자기개방에도 다양한 유형이 존재한다. 상담초기에 많이 개방하게 되는 정보로 상담자 개인정보가 있다. 상담자 개인정보에는 상담자의 학위, 상담경력, 자격증, 상담경험, 훈련, 이론적 배경 등이 포함된다. 이때 조심해야 할 것은 너무 많은 내용을 공개하거나 내담자가 요구하는 내용에 미치지 못할만큼의 너무 적은 정보를 공개하지 않도록 한다. 즉 내담자의 필요수준에서 관게 있는 정보만 제공되는 것이 좋다. 상담이 진행되는 과정에서 내담자가 겪은 것과 비슷한 감정을 느끼게 되는 감정개방이 있다. 감정개방은 내담자가 느낄 수 있는 감정에 대한 모델링이 될 수 있다는 효과를 볼 수 있다. 다음은 과거 상담자의 통찰 및 효과적이었던 방법에 대한 개방을 이야기할 수 있다. 내담자가 겪는 문제와 비슷한 문제에 대해 상담자가 통찰하거나 문제해결을 위해 효과적으로 느꼈던 방법에 대해 알려줌으로써 내담자에게 도움을 제공할 수 있다. 주의할 점은 내담자의 문제나 맥락에 관련이 있어야 한다는 것이다.

자기개방에는 원칙이 있어야 한다. 자기개방의 원칙은 다음과 같다.

첫째, 자기개방의 내용에는 초점이 있어야 한다.

상담자의 자기개방은 내담자를 겨냥하여 적절한 도움을 줄 수 있어야 한다. 상담자의 경험 중 내담자로 하여금 문제상황을 더 구체적으로 이해할 수 있게 하는지 선택적으로 공개해야 한다. 상담자의 경험에 이런저런 이야기를 제공하는 것은 내담자의 탐색을 오히려 방해할 수 있다.

둘째, 내담자에게 부담을 주지 말아야 한다.

상담자의 자기개방은 내담자에게 또다른 부담으로 작용하지 않도록 해야 한다. 내담자가 자기개방을 너무 빨리하는 경우 내담자에 대한 도움이 아니라 자신의 의도만 만족시키는 단점이 생기기도 한다.

셋째, 지나치게 자주 사용하지 말아야 한다.

지나친 자기개방은 내담자의 탐색을 방해하고, 상담자에게 주의를 옮기게 되므로 필요할 때만 활용한다.

2) 자기개방의 방법과 효과

(1) 자기개방의 방법

상담자의 자기개방은 언제나 신중해야 한다. 상담자는 자기개방을 할 때 내담자가 정보를 원하는 것인지, 공감과 정서를 원하는 것인지, 협력을 원하는 것인지를 확실히 파악하여 자기개방을 해야 한다.

- 내담자에게 부담을 주지 않는 자기개방

너무 빠르게 진행되거나 과도한 자기개방은 내담자에게 부담을 주어 상담진행에 난관이 될 수 있다. 또, 내담자가 불편감을 느낀다면 자기개방 사용을 삼가는 것이 좋다.

- 내담자에게 도움이 되는 신중한 자기개방

자기개방은 내담자에게 문제를 분명히하고 초점을 맞추고 문제를 해결할 수 있도록 도와야 한다. 상담자의 자기개방은 충동적이어서는 안되고 시기나 내용적으로 잘 고려해야 한다. 내담자에게 유익하고 문제나 맥락적으로 맞닿아 있어야 한다.

(2) 자기개방의 효과

① 모델링의 효과

자기개방은 내담자가 해야 하는 행동들을 먼저 행함으로써 내담자에게 보여주는 효과적인 방법 중 하나다. 방향이나 방법을 알지 못하는 내담자에게 기꺼이 자기에 대해 알려주는 상담자의 모습은 내담자가 상담중에 해야 하는 행동을 안내해주는 것과 같다.

② 목표설정과 실행에 필요한 새로운 시각과 조망 제공

자기개방은 내담자가 자신 스스로와 문제상황을 구체적으로 말하게 하며, 새로운 관점과 대안적 틀을 제공하여 현실적인 목표를 세우도록 한다. 자기개방은 상담에 촉진적이고 생산적일 때 유용하게 사용된다.

3) 예시

A: 선생님은 상담자니까 진로에 대한 고민 하나도 없었죠?

상담자: 아니, 선생님도 학교 다닐 땐 많이 고민하고 힘들었어. 비록 선생님은 부모님이 강요하는 건 아니었지만 스스로 하고 싶은 일이 너무너무 많았거든.

A: 어 그럼 어떻게 진로를 선택하신 거예요? 저는 사실 청소년지도사랑 교사말고도 고민하고 있는 것들이 몇 개 더 있기도 하거든요.

상담자: 내가 가장 원하는 것을 찾아봤지. 내가 직업을 선택할 때 가장 중요하게 여길 수 있는 것이 무엇인가에 초점을 맞춰서 고민하고 또 고민했어.

A: 직업을 선택할 때 가장 중요한 것이요?

상담자: 그렇지. 직업을 선택할 때 내 적성, 흥미, 월급 등 고려해야 할 게 많이 있으니까.

(1) 내가 생각하는 자기개방은 무엇입니까?

(2) 자기개방의 원칙은 무엇입니까?

(3) 다음 문제에 제시된 반응에 대한 설명으로 적합한 것을 고르시오.

- 아버지가 돌아가시고 나서 마음을 못 잡는 여동생을 걱정하는 내담자

  내담자: 여동생이 집에 틀어박혀 학교도 가지 않고 있어요. 엄마랑 얘기를 해봐야 할 것 같은데 어떻게 얘기를 꺼내야 할지 솔직히 막막하네요.

  a. 먼저 여동생과 이야기 해보는 건 어때요?

b. 제 입장이어도 어머니가 걱정하실까봐 말씀드리기가 어려울 것같아요. 하지만 막상 어머니와 상의해 보신다면 훨씬 가벼워지는 느낌일 경우가 많더라구요.

c. 왜 힘들어 하는지 이해가 안가는데 어떤 부분이 힘든지 이야기 해줄 수 있어요?

- 대인관계를 힘들어 어려움을 호소하는 내담자
  내담자: 아무도 내 마음을 모르는 것 같아 울적해요. 선생님은 그런적 없으신가요?

  a. 원래 모든 사람들이 친한 친구는 몇 없어요.

  b. 나도 정말 내 마음을 나눌 수 있는 사람이 없었던 적이 있었죠. 친구를 사귀어 보려고 해도 계속 실패하고, 내가 뭔가 부족한 사람인 것 같은 기분이 들더라구요.

  c. 내 마음을 온전히 알아주길 바라는 것은 너무 지나친 기대이죠.

(4) 내담자의 상황이나 반응에 대해 자기개방 연습을 해보시오.

> 친구와의 관계도 좋지 못하고 그 일로 성적도 떨어지며 자존감도 많이 떨어지고 미래에 대한 불안감도 가지고 있는 내담자
> 내담자: 학교에서 왕따 당하면서 성적도 엄청 떨어졌어요. 동생도 밖에서 만나면 아는체도 안해요. 어디서든 환영받지 못할 거고, 결국 인생의 패배자로 남겠죠.

- 자기개방 반응

자기개방 실습 관찰지

 사례는 A, B 중 선택하며 3인 1조로 상담자, 내담자, 관찰자로 역할을 정한다.

상담자: 자기개방하는 연습
내담사: 상담자가 잘 진행할 수 있도록 정보를 제공
관찰자: 연습상담을 관찰하며 자기개방 관찰지를 작성하고,
          내용을 메모

1. 사용했던 자기개방의 내용을 적어보세요.

2. 상담자 반응 중에서 보완할 점을 적어보세요.

(1) 본인의 생각 작성

(2) 자기개방에는 원칙이 있어야 한다. 자기개방의 원칙은 다음과
같다.

첫째, 자기개방의 내용에는 초점이 있어야 한다.

상담자의 자기개방은 내담자를 겨냥하여 적절한 도움을 줄 수
있어야 한다. 상담자의 경험 중 내담자로 하여금 문제상황을
더 구체적으로 이해할 수 있게 하는지 선택적으로 공개해야
한다. 상담자의 경험에 이런저런 이야기를 제공하는 것은 내담
자의 탐색을 오히려 방해할 수 있다.

둘째, 내담자에게 부담을 주지 말아야 한다.

상담자의 자기개방은 내담자에게 또다른 부담으로 작용하지
않도록 해야 한다. 내담자가 자기개방을 너무 빨리하는 경우
내담자에 대한 도움이 아니라 자신의 의도만 만족시키는 단점
이 생기기도 한다.

셋째, 지나치게 자주 사용하지 말아야 한다.

지나친 자기개방은 내담자의 탐색을 방해하고, 상담자에게 주
의를 옮기게 되므로 필요할 때만 활용한다.

(3) −b
−b

(4) 저도 막막했던 때가 있어요. 모든게 다 싫었고 포기하고 싶어서 고등학교를 자퇴했죠. 그때는 그렇게 내 인생이 끝났다고 생각했어요. 근데 저희 엄마는 그 사실을 인정하지 못하시더라구요. 자꾸 학업복귀에 대해 강요하셨고, 그거 때문에 많이 싸웠어요. 하지만 내 인생은 계속 되더라구요. 대학도 잘 졸업했고 저는 지금 제가 하고 싶은 일을 하고 있어요.

자기공개 반응의 5수준

수준 1: 상대방과 의식적으로 격리되어 있으려고 하며 자신의 감정이나 성격에 관하여 아무것도 노출시키지 않는 수준, 자신을 노출시키더라도 상대방과는 전반적으로 조화를 이루지 못한다.

수준 2: 자신이 노출되는 것을 항상 의식적으로 피하려는 것 같지는 않으나 자신에 관한 개인적인 정보를 결코 자진해서 제공하지 않는 수준

수준 3: 상대방의 관심과 일치하는 자신에 관한 개인적인 정보를 자발적으로 제공한다. 그러나 이런 정보가 때때로 모호하여 자기의 특성을 별로 나타내지 않는 수준

수준 4: 상대방의 관심, 흥미와 일치되는 자신의 개인적 생각, 태도 및 경험에 관한 정보를 자연스럽게 자발적으로 전달하는 수준

수준 5: 자신의 성격에 관한 매우 친근하고 상세한 소개를 자발적으로 제공하며 상대방의 요구에 맞추어 자기를 공개한다. 만일 상대방이 타인에게 알리거나 다른 상황에서라면 당황하게 될 수도 있는 극히 개인적인 정보까지 표현하는 수준

13. 구조화

#상담여건 #상담관계 #비밀보장 #오리엔테이션

구조화를 하는 것은 상담을 시작하기 전 방향을 잡아가는 것과 같다. 구조화의 과정은 상담자가 할 수 있는 것, 해야 하는 것 등을 안내하고, 내담자가 할 수 있는 이야기, 해야 하는 것 등을 교육한다. 이것은 상담자가 내담자에게 상담과정의 바람직한 구조와 방향을 함께 나아가는 알려주는 것이라고 본다. 내담자는 상담관계가 계획적으로 진행되며, 합리적이라는 것을 알게 되는 것에 중점을 둔다. 구조화가 잘 되는 경우에도 상담을 진행하는 과정에서 중간중간 다시 구조화를 해야 하는 경우들이 생기지만, 구조화가 잘 안되는 경우 내담자가 상담자에게 의존적이고, 충동적인 모습을 보일 수 있으며, 상담과정과 목표가 흔들릴 수 있다.

1) 구조화의 개념

구조화는 상담기법으로 정의하기는 어렵지만, 초심상담자들이 상담을 진행하기 위해서는 필수로 진행해야 하는 필수적인 상담의 과정이라고 볼 수 있다. 구조화는 상담을 진행하기 위해 상담의 틀을 만드는 것이라고 정의할 수 있다. 상담이란 무엇인지, 어떻게 진행이 되고, 어떻게 마무리가 되는지, 모든 문제에 비밀보장이 되는 것은 아니며 언제 비밀보장을 받을 수 없는지, 상담실에서 다룰 수 있는 문제와 상담자의 역할과 책임, 내담자의 역할과 책임을 확실하게 정리하는 과정이다. 즉, 상담자가 내담자에게 전체적으로 안내하는 오리엔테이션과 같은 과정이다.

구조화는 대부분 초기에 실시하는 교육이라고 알려져 있지만 필요한 경우에는 상담을 진행하는 중간중간 실시할 수 있다. 구조화를 할 때에는 상담에 관한 교육으로 제시된다 할지라도 상담자와 내담자가 서로를 편하게 느낄 수 있을 정도로 최소로 줄이되 비밀보장에 대한 구조화 같은 필수적인 요소가 빠지지 않도록 해야 한다. 또, 중간에 실시되는 구조화가 적절한 시점에 이루어지되 내담자를 혼내거나 벌을 주는 형식이 되어서는 안된다. 또, 면담시간에 대한 약속, 내담자의 행동에 대한 구체적인 내용이 포함되면 좋으며, 사설 기관인 경우 상담비에 대한 내용을 명확히 해두면 좋다. 미성년자일 경우 상담비에 대한 내용은 보호자에게 반드시 고지되어야 하며, 결석·지각에도 상담비가 부여될 수 있다는 점을 미리 고지한다.

근무하는 센터에서 정해져 있는 규칙 등이 있을 경우 구조화 내용을 서식화 하여 내담자에게 제시하여 함께 읽어보는 방식도 사용할 수 있으며, 구조화 내용에 대한 동의서를 작성하여 내담자가 충분히 인식하였음을 확인할 수 있도록 서명을 받는 방법도 있다.

효율적인 상담을 위한 구조화는 다음과 같은 내용이 고려되어야 한다.

첫째, 구조화는 타협을 해야 하는 것이다. 상담자와 내담자가 함께 협력하는 것을 전제로 한다.

둘째, 구조화에서 특정한 한계를 제시할 경우에는 매우 조심스럽게 행해야 하며, 이것이 내담자에게 벌로 느껴지게 해서는 안 된다.

셋째, 내담자에게 반드시 구조화를 하는 이유를 설명해야 한다.

넷째, 구조화의 시기는 내담자가 준비되어 있는 정도, 상담관계 등을 고려하여 정해야 한다.

다섯째, 구조화가 너무 경직될 경우 상담자와 내담자 모두에게 제한을 가해 상담과정에서 좌절되거나 저항을 불러올 수 있다.

여섯째, 구조화에서 불필요하고 목적이 없는 내용은 오히려 내담자가 상담에 참여하는 것을 억제시킨다.

일곱째, 구조화는 내담자가 가지는 특성(인지, 정서, 행동)을 고려 해야 한다.

여덟째, 구조화는 치료적 능력이 있는 것은 아니지만 상담관계와 상담과정을 원활하게 한다.

아홉째, 구조화는 필요할 경우 지속적이고 반복적으로 제시된다.

2) 구조화의 종류와 효과

(1) 구조화의 종류

구조화의 종류는 크게 상담여건에 대한 구조화, 상담관계에 대한 구조화, 비밀보장에 대한 구조화로 나눌 수 있다.

① 상담 여건에 대한 구조화

상담이 진행되는 시간, 상담을 진행할 횟수, 상담장소, 상담시간을 지키지 못했을 경우와 연락방법, 상담자에 대한 정보, 상담자가 사용하는 이론이나 사용 기법에 대한 안내 등

② 상담관계에 대한 구조화

상담관계에 대한 안내, 상담자의 역할과 책임, 내담자의 역할과 책임, 내담자가 해야 할 행동과 하지 말아야 할 행동 등

③ 비밀보장에 대한 구조화

상담자의 비밀보장 의무, 비밀보장의 예외원칙(자신을 해치는 경우, 타인을 해치는 경우, 법적인 요청이 있는 경우, 성폭력이나 아동학대를 당한 경우 등

(2) 구조화의 효과

구조화는 내담자에게 정확한 틀을 제시하는 것으로 내담자에게 정확한 정보전달과 불안감 감소 등의 효과를 볼 수 있다. 다시 정리해보자면, 구조화의 효과 첫 번째는 상담을 진행하는 방식, 과정 등에 대해 알게 되어 불안감과 낯선 것에 대한 경계 등을 낮추는

데 효과적이다. 두 번째는 상담자와 내담자가 기대 수준을 맞추고 구체적인 목표를 정함으로써 상담관계가 목표를 추구해가는 과정임을 인식시킨다. 특히 구조화는 상담의 목적이 아닌 상담관계의 방향을 잡아주는 수단임을 확인할 수 있다. 마지막으로 구조화를 통해 내담자가 상담과정에서 어떤 역할을 하고 책임을 지게 되는지를 알 수 있게 한다.

다음과 같은 내용을 통해 내담자는 비현실적 기대를 없애고, 상담과정에서 자신의 역할과 책임을 분명하게 인식하며, 함께 공유하는 목표로 나아가기 위한 노력을 하게 될 것이다.

3) 구조화의 예시

> 상담자: 상담에 대한 간단한 안내를 하도록 하겠습니다. 저는 상담을 진행하고 A군이 상담실에서는 원하는 이야기를 하고 그것에 대해 함께 이야기하고 좋은 대안을 찾아보는 시간을 갖도록 하겠습니다. 우리의 상담은 매주 ○요일 15:00~15:50, 총 50분씩 10회기를 지금 있는 이 상담실에서 진행하도록 할거예요. 만약 저에게 개인적인 사정이 생겨 진행하지 못할 경우에는 A군에게 직접 전화나 문자를 하도록 하겠습니다. 혹시 A군에게 사정이 생기는 경우 미리 연락을 주면 상담을 다음으로 미루도록 하겠습니다. 혹시 궁금한 내용이 있을까요?
> A: 지각을 하거나 결석을 하면 상담 진행은 어떻게 되나요?

Q. 예시는 구조화의 종류 중 어떤 것을 사용했는지 쓰고, 빠진 부분이 있는지 확인하세요.

상담자: 다음으로는 비밀보장에 대한 내용을 안내하도록 하겠습니다. 상담실에서 나온 이야기는 비밀보장을 기본 원칙으로 합니다. 단, B양이 자살을 시도했거나 계획을 하는 경우, 타인을 다치게 하거나 금전적 손해를 입힐 수 있는 경우, B양에게 성적인 문제나 학대를 당했거나, 전염될 수 있는병과 관련된 문제가 있는 경우, 법원에서 상담기록을 요구하는 경우에는 비밀보장이 제외될 수 있습니다.

Q. 예시는 구조화의 종류 중 어떤 것을 사용했는지 쓰고, 빠진 부분이 있는지 확인하세요.

(1) 내가 생각하는 구조화는 무엇입니까?

(2) 상담여건의 구조화를 작성해보세요.

(3) 상담관계의 구조화를 작성해보세요.

(4) 비밀보장의 구조화를 작성해보세요.

치료적 관계를 차단하는 행동

지나친 관심의 표현
경직성
도덕적 판단
응징적 반응
외상적 자료에 대한 지나친 탐색
비난
잘못된 약속
위협
자기확립적 노출
거절
인내성이 없음
속이는 것
비웃기
내담자를 얕잡아보는 태도
실패를 꾸짖는 것
관용이 없음
고의적인 진술
미성숙한 해석

14. 상담의 과정

#상담의 과정 #초기상담 #중기상담 #종결상담

심리적으로 어려움을 겪는 사람들이 흔하게 찾을 수 있도록 상담실이 보편화 되어가고 있다. 특히 2020년 코로나-19로 인해 전화상담, 사이버상담, 카카오톡 상담 등 비대면 상담도 다양화 되어가고 있다. 청소년들에게 사이버나 SNS를 이용한 상담은 접근이 용이하고 자신의 개인정보를 드러내지 않는다는 장점이 있어 활발하게 이용되고 있다.

뿐만 아니라 심리적 지원을 위한 학교 내 Wee클래스, 교육청에서 운영하는 Wee센터, 여성가족부 산하의 시군구 단위의 청소년상담복지센터들은 대면과 비대면 모두를 활용하여 관할 지역의 청소년들의 정신건강을 보호하기 위해 노력하고 있다.

이 장에서는 대면상담에서 진행되는 상담과정에 대해 살펴보고자 한다.

상담은 한회기로 진행되는 단회상담에서부터 50회기 이상 진행되는 장기상담까지 다양하게 구성되어 있다. 대부분 경미한 문제나 사이버 상담 등이 단회로 끝나는 경우가 많고, 일반적인 단기상담은 10~20회기 내외에서 마무리가 된다. 내담자가 조금 더 지지가 필요하거나 문제가 심각한 경우에는 중기상담으로 20~50회기 정도까지 진행이 되고, 더 많은 회기가 진행되는 경우는 장기상담으로 본다. 각 이론의 적용에 따라 회기는 달라질 수 있고, 진행되고 있는 상담은 상담자와 내담자가 협의하에 회기를 조정할 수도 있다.

상담이 단회로 끝나는 경우를 제외하고, 상담은 일반적으로 진행되는 과정이 존재한다. 과정은 3단계로 나눌 수 있는데, 상담을 위한 관계를 맺고 목표를 설정하는 초기 단계, 내담자가 가지고 있는 문제해결을 위한 작업을 하는 중기단계, 목표달성이 되었는지 확인하는 종결단계이다. 이것이 상담의 일반적인 진행과정이고 대부분의 상담이론 역시 명칭만 다를 뿐 비슷한 과정으로 진행된다. 각 단계에서는 꼭 해야 할 일들이 있는데, 이것을 '단계별 과업'이라고 부른다.

상담이 시작되는 초기 상담은 내담자의 호소내용을 상담자가 잘 들으면서 내담자와 관계를 형성하는 일이 가장 중요한 과업이다. 상담이 진행되는 과정을 설명하고, 목표를 설정하며 내담자와 함께 발전계획과 실천계획을 수립한다. 두 번째 중기상담에서는 내담자의 문제가 무엇인지를 좀더 세부적으로 탐색을 하고 자신에 대한 새로운 자각과 실제생활에서 새로운 행동변화가 일어나도록 인도하는 것이 주요 과업이 되어야 하며 이와 같은 일들은 점진적인 발전을 통해서 성숙과 자아실현의 방향으로 나아가게 되는데

이 중간단계에서 가장 많은 시간이 소요된다.

마지막 종결상담의 주요 과업는 상담의 종결시점을 결정해야 한다. 내담자의 충분한 변화가 일어난 시점에 상담자가 내담자에게 종결에 대한 이야기를 하거나 또는 내담자측에서 먼저 종결에 관한 제안을 하기도 한다.

지금까지 상담의 과업에 대해 살펴보았다면 다음으로는 상담이 진행되는 과정과 상담자의 역할에 대해 알아보고자 한다.

<초기상담에서 진행되는 과정과 상담자의 역할>

초기상담에서 진행되어야 하는 과정은 라포를 형성하고, 내담자에게서 정보를 얻어내면서 문제를 파악하여 상담목표를 정하고, 목표달성을 위한 계획을 세우는 것으로 구분할 수 있다.

제일 먼저 라포를 형성하는 것은 상담자와 내담자 간의 치료를 위한 관계를 형성하는 것이라고 설명할 수 있다. '라포'는 정확하게 번역된 의미가 정해져 있지는 않지만, 이 책에서는 치료를 위한 관계로, 둘 사이에서 남들에게 하지 못하는 이야기를 할 수 있을 만큼의 친밀감과 상담자가 내담자의 모순된 말이나 행동을 지적했을 때 아프지만 받아들일 수 있을 정도의 믿음이 있는 관계라고 설명할 수 있을 것이다. 이 관계가 형성되지 못할 경우 상담자체가 진행되기 어렵기 때문에 가장 먼저 이루어져야 하면서, 가장 중요한 과제가 될 것이다.

다음으로는 내담자의 문제나 증상과 관련 내용을 파악하는 일이 이루어지고 내담자에 대한 정보를 탐색하는 일이 이루어져야 된다. 여기서 내담자에 대한 정보라는 것은 내담자의 문제나 증상의 원인이 되거나 해결할 수 있는 방안을 마련하게 되는 발판이 되는 내담자와 관련된 요소들이다. 이 요소들은 상담의 결과가 될 목표를 설정하고 목표를 달성하기 위한 계획과 전략을 수립할 때에도 도움이 된다.

정보를 얻기 위해서는 다양한 방법을 사용할 수 있는데, 그 중 한 가지가 상담신청서를 작성하는 일이다. 상담신청서에 포함되어져야 될 내용들은 인적사항이 있는데, 이름, 전화번호, 주소 또는 이메일 주소, 가족사항도 포함이 된다. 또, 주 호소문제 역시 포함되어야 하는데, 주 호소문제란 상담을 신청하게 된 가장 주 이유로 무엇 때문에 어떤 어려움 때문에 상담을 신청하게 되었는지를 뜻한다. 다른 상담을 받아본 경험이 있는지 등도 작성하도록 한다. 상담신청서에 내용은 내담자로부터 다양한 정보를 끌어낼 수 있도록 개방형 질문으로 구성하는 것이 좋고, 내담자의 고민, 노력, 해결과정들이 잘 응축되어 드러날 수 있도록 스스로 작성하게 하는 것이 좋다.

신청서를 바탕으로 내담자에게 말을 건네는 것도 좋은 방법이 될 수 있다. 상담신청서에 적힌 주 호소문제를 읽으면서 어떤 문제로 심리적으로 어려운지 확인하며 상담을 시작하는 것도 좋은 방법이다. 예를 들어 "친구와의 관계가 어렵구나. 어떤 상황에 어떻게 어려운지 자세하게 얘기해 줄 수 있니?"라는 식으로 질문을 하게 되면 문제를 더 정확하게 파악할 수 있고, 상담목표를 설정하는 데 도움을 받을 수 있다. 주 호소문제를 확인하다 보면 내담자의 증상을 알 수 있다. 같은 또래와의 관계에서 어려움을 겪는 상황이더라도 어떤 내담자는 친하게 지내던 친구의 말을 믿지 못하는 것으로 나타날 수 있고, 어떤 내담자는 새로운 친구에게 말을 걸지 못하는 것으로 나타날 수 있다. 대부분 내담자들은 자신의 증상을 잘 파악하기 어려워 하는데, 조금 더 자세한 부분에 대해서 좀더 설명을 듣고 이 증상이 언제 시작이 되었는지, '증상'의 시작 시기를 알아내는 것이 중요하고 증상이 시작될 당시의 정황에 대해서도 설명을 들어야 한다. 그리고 이러한 증상을 해결하기 위해서 내담자가 그동안 어떤 노력을 해왔는지, 어떤 노력이 효과가 있었고, 또 어떤 노력은 별로 효과가 없었는지 이것들에 대해서도 상세히 알아본다.

초기상담에서 상담자의 역할은 내담자가 상담에 잘 적응하고, 상담목표와 계획을 설정하는 것에 대한 도움을 주는 것 등이 있다. 첫 상담시간은 정해져 있는 시간을 고수하기 보다는 내담자의 문제를 충분히 들을 수 있도록 융통성 있게 조율하는 것이 좋다. 또, 상담자는 구어체를 사용하여 내담자가 들었을 때 듣기 편하고, 충분히 이해하고 반응하기 쉽도록 질문해야 한다.

초기상담 중에서도 첫 상담이 끝나면, 상담자가 파악한 내담자의 정보, 상담자와 내담자가 합의한 상담목표, 상담목표를 달성하기 위한 치료계획을 포함한 사례개념화를 실시한다. 사례개념화란 상담자가 내담자와 함께 상담을 진행하기 위한 일종의 지도를 그리는 것과 같다. 상담 초기에 작성되는 사례개념화는 단순한 개요로 시작한다. 초기 상담에서 마무리지어야 하는 것이 아니기 때문에, 상담이 진행되는 과정에 추가되고 상담을 마무리하는 과정에서는 상담자가 자신의 가설과 치료계획을 점검하는 판단의 기준이 되기도 한다. 사례개념화에 포함되어야 하는 내용은 상담신청서, 접수면접, 행동관찰, 심리검사, 자기보고식 질문지 등을 통해 얻은 객관적인 정보들과 한두 회기의 상담에서 상담자가 파악한 내담자의 심리, 대인관계, 행동 및 정서문제의 원인, 촉발요인, 유지요인 등에 관한 기술적, 처방적 가설이 있다.

상담 초기에 상담자가 해야 할 역할 중에 가장 중요한 것은 구조화를 해주는 것이다. 구조화란 상담이 진행되는 틀을 만들어 주는 것이다. 쉽게 말해 상담이 어떻게 진행될 것인지, 상담자의 역할은 뭐고 내담자의 역할은 뭔지 이러한 것들에 대해서 개괄적으로 안내해주는 것으로 상담이라는 목적을 향해서 상담 전문가와 내담자가 함께 작업동맹을 형성하기 위해서 매우 중요한 절차라고 할 수 있다. 구조화를 받게 되면 내담자는 상담에 대한 마음의 준비를 할 수 있게 되어 마음이 안정되고 자신의 역할을 다시 생각할 수 있는 기회가 되기도 한다. 시기적절한 구조화는 상담의 목적 구현을 위한 협조적인 기본 구조를 형성하기도 한다. 구조화에 포함되어야 할 내용을 살펴보면 상담에서 하는 일과 상담계약에 대한 내용 그리고 비밀보장에 대한 내용, 상담의 한계에 대한 내용 등이 있다. 구조화의 내용은 상담자가 미리 틀을 정하여 가지고 있는 것이 좋고, 내담자에게 충분히 공유해야 하기 때문에 미리 안내지를 만들어 제공하는 것도 좋다.

<중기상담에서 진행되는 과정과 상담자의 역할>

실제 상담에서 본격적인 치유작업이 이루어지는 것은 중기상담이라고 할 수 있다. 중기상담에서는 내담자의 문제를 치유하기 위한 목표를 달성하기 위하여 내담자와의 지속적인 대화, 계획을 실전하기 위한 세부목표, 내담자가 표현하는 저항 다루기, 상담진행 중간 점검 등이 있다. 상담의 중기에서 하는 일은 세부적으로 확인해보면 초기 단계에서 세운 치료계획, 상담의 목표 이런 것들을 구체적으로 실행에 옮기는 것으로, 집중적으로 내담자의 변화를 위해서 작업을 수행한다. 즉 내담자의 문제와 관련해서 내담자가 자기 자신과 환경에 대해서 이해와 자각을 증진하는 것 그리고 내담자의 문제 해결, 적응적 행위를 개발해서 실천하는 작업으로, 실행에 옮기는 작업으로 구성된다.

상담이 진행되는 과정을 세분화하여 살펴보면 내담자의 문제를 명료화시키고 구체적이고 자세하게 탐색하는 작업을 진행한다. 문제를 구체화하여 살펴보는 것 자체로도 목표를 재확인하게 되고, 치유되는 효과를 가지고 있다. 구체화된 문제와 관련된 요인들을 살펴보는 작업 역시 함께 이루어진다. 관련 요인에는 현재 내담자가 겪는 문제와 과거에 했던 경험들 간의 관계, 내담자의 성격적 경향성, 대인관계 패턴 등이 포함될 수 있다. 경험들을 살펴보는 것은 내담자가 호소하는 문제를 겪게된 원인이나 연결고리가 있는 경험 등을 파악할 수 있게 한다. 또, 성격은 오랜 시간에 걸쳐서 형성되는 것이고 문제와 증상의 원인을 알기 위한 과거탐색이 필요하다. 현재 내부에 존재하는 여러 가지 작용하는 힘들, 내담자가 내담자 자신의 내부에 존재하는 여러 가지 내면의 자신의 정신역동들, 내면의 역동들 이런 것들을 인식하게 된다. 성격과 대인관계 패턴을 파악하게 되면 자신의 모습에 대한 인식이 확장되고, 자신의 모습이 어떠한지에 대한 자각이 늘어나고, 이러한 자신의 여러 가지 다양한 자신의 모습들에 대해서 명료하게 알게 되고 이것들을 통합하는 일들이 벌어지게 된다.

중기상담에서는 내담자가 행하는 저항을 극복하고 대안을 마련하는 작업도 이루어지게 된다. 내담자들이 자신의 문제와 증상을 극복하기 위해서 지금까지 무언가를 노력을 해왔지만 자신의 문제를 극복하거나 증상을 약화시키는 데 별로 도움이 되지 않았을 것이다. 그래서 상담자의 도움을 통해서 더 효과적인 대안책이나 문제 해결의 방안을 마련하여 적응적이고 합리적인 성향이나 삶의 방식을 이끌어낼 수 있도록 돕는 일이 중기 단계이다. 더 효과적인 대안을 익혀 나가는 과정을 위해 실천과 훈습의 과정이 일어나게 된다. 과거의 부정적인 경향성과 패턴을 포기하고 조절하여 새롭게 터득한 지혜들을 실천에 옮기고 자신의 것으로 내면화시킬 수 있도록 하는 작업이 일어나야 한다. 중기상담에서 빠질 수 없는 것이 중간점검을 하는 것이다. 지금까지 해온 상담작업에서 도움이 되었던 것과 별로 효과가 없는것 개선할 것들은 뭐가 있는지 이런 것들에 대해서 중간점검을 하는 일도 중요하다.

중기상담에서 상담자의 역할은 내담자의 저항을 알아차리고 극복 할 수 있도록 돕고, 상담의 진행이 원활한지 중간중간 점검을 하는 것도 필요하다.

먼저 내담자의 저항과 관련하여 살펴보면 상담이 진행되어가며 내담자는 변화하고자 하는 의지와 그대로 안주하고자 하는 마음 사이에서 갈등을 하게 되고 이 갈등이 저항으로 표현된다. 상담에서 저항은 내담자가 무언가를 감추거나 회피하고 드러내지 않는 일체의 행동과 태도를 뜻한다. 모든 내담자들은 이와 같은 저항의 마음을 다 가지고 있다. 내담자가 저항을 한다고 해서 그것이 비정상이거나 크게 문제가 있는 것이 아니며 내담자는 상담과정에서 다소간의 저항을 누구나 다 보인다.

저항이 발생하는 원인에 따라 저항의 종류를 두 가지로 나눌 수 있다. 첫 번째는 내담자 자신의 문제가 드러나는 것을 회피하기 위한 저항으로 내담자 자신의 문제 등 내담자에게서 그 원인이 있어서 발생하는 것이며, 두 번째는 상담자가 내담자가 원하는 문제를 다루지 못하고 다른 문제를 다루고 있거나 내담자를 소홀히 대하거나 내담자 자신의 이야기가 상담자에 의해서 차단되고 권위적인 상담자에 의해서 자율성이 침해되어서 상담자에게서 원인이 있어서 발생하는 저항이다. 상담자는 내담자의 저항이 어디에서 비롯되었는지, 내담자 문제에서 비롯되었는지, 상담자의 문제로 초래되는 저항인지 먼저 이것부터 살펴야 된다. 상담자의 문제로부터 초래되는 저항이라고 한다면 이러한 다양한 여러 가지 원인들 중에서 또는 여기에 지금 언급하지 않은 다른 원인들도 있을 수 있다.

상담자가 저항을 알아차릴 수 있는 단서들의 종류가 있다. 내담자의 긴 침묵에는 저항의 표시로써 하는 침묵도 있기 때문에 저항의 가능성도 열어두고 내담자가 딴청을 할 때, 쓸데없는 말로 시간을 보낼 때, 내담자가 약속을 자주 변경할 때, 상담 약속을 자주 변경할 때, 이것은 매우 대표적인 내담자의 저항의 신호라고 볼 수 있다. 또한 내담자가 지각을 하거나, 상담 약속 시간에 나타나지 않고 연락도 없이 펑크를 내는 경우들이다. 그리고 상담자에게서 알아볼 수 있는 저항은 자기 자신에 대한 좌절감과 죄책감, 내담자에 대한 짜증과 분노, 이런 것도 상담자에게서 알아볼 수 있는 저항의 신호이다. 물론 상담자에 대한 내담자의 부정적인 감정들은 상담자의 잘못이 아니라 내담자의 어린 시절의 주요 인물들과의 관계가 상담자에게 전이되어 나타나는 것일 수도 있다. 상담자는 내담자의 저항에 대한 원인을 정확하게 파악하여 다루어야 하는데, 저항을 어떻게 다뤄야 하는지에 대해 살펴보면 저항을 표현하는 내담자의 방식에 대해서 간단히 언급하는 것으로 시작하는 것이 좋다. 예를 들자면 내담자가 오늘 침묵으로 저항을 표시하고 있다고 한다면 '오늘은 유난히 침묵이 많군요.', '이야기를 하기 싫은 것 같이 보이기도 하고,' 부드러운 말투로 사용해야 한다.

또, 상담이 진행되어 가는 과정 중 적절한 지점에서 한 번씩 점검과 평가가 이루어져야 한다. 상담에 대한 점검과 평가는 종결 단계에서만 하는 것이 아니라 자신의 상담진행에 대해서 매 시간 점검하고 평가하여 잘못된 방향으로 나가지 않도록 스스로 조처를 취해야 한다. 매 회기마다 상담이 끝난 후에 그 시간에 이루어진 상담을 점검하여 놓치거나 실수한 부분과 부족한 부분을 점검하는 것도 중요하다. 점검을 해야 하는 시기는 상담의 초기 단계에서 중기 단계로 넘어가기 전에, 그리고 상담의 중기 단계에서 상담의 종결 단계로 넘어가기 전에, 그리고 종결하기 전에, 국면이 바뀔 때와 상담의 진척이 없다고 느껴질 때, 상담이 껄끄러울 때도 전체의 과정과 흐름을 세밀하게 점검할 필요가 있다. 점검을 할 항목들은 내담자가 원하는 문제를 다루고 있는가? 내담자의 문제에 대한 상담자의 평가와 사례개념화는 적절한가? 계속적으로 상담자는 점검을 해야 한다. 그리고 상담목표를 세웠다고 끝이 아니라 중간중간에 상담목표가 적절했는지, 이 내담자의 문제와 잘 부합되었던 것이었는지 계속 점검을 해야 된다.

중기상담에서 상담자는 구체화 탐색을 위한 기법, 자기탐색적 질문을 위한 기법, 요약이나 반영이나 명료화 등을 하기 위한 공감 반응, 해석, 직면의 기법과 더불어 상담자가 활용하는 이론속의 기법 등을 많이 활용하게 된다.

<종결상담에서 진행되는 과정과 상담자의 역할>

상담의 마지막 순서인 종결상담에서는 상담의 성과, 지금까지 상담을 진행해오면서 달라진 것과 무엇을 얻었는지, 변화된 것이 무엇인지. 이런 것들을 평가하는 시간을 반드시 가져야 된다. 그다음에 소정의 목표가 달성되었는지. 상담의 초기 단계 때 상담자와 내담자 사이에 목표로 합의한 것이 이루어졌는지, 그 중에 어떤 것들이 이루어졌는지, 다 이루어졌으면 좋고, 다 이루어지지는 못했지만 몇 가지 중요한 목표는 이루어졌는지, 이런 것들을 점검하게 되고 남은 문제는 무엇인지를 확인한다. 그래서 상담이 추가적으로 더 필요한지의 여부 이런 것들을 모두 검토하게 된다. 검토 이후 마무리하는 작별이 이루어지게 되며 상담의 성과를 평가하기, 종결 후의 삶에 대해서 대처하기로 순환적 그리고 각각의 단계가 보완적이다.

종결상담은 초기상담이나 중기단계와는 다른 각별한 의미가 있다. 상담의 종결 단계에는 이제까지 상담자의 도움을 받으면서 내담자가 생활하던 것을 정리하고 스스로 생활할 수 있도록 정리해 가는 과정이다. 그렇기 때문에 어느 정도 문제가 극복되어서 상담자나 상담의 도움 없이도 내담자가 스스로 자신의 어려움들을 극복할 수 있는 역량이 생겼을 때 상담을 종결하는 것이 좋다. 종결은 상담을 끝내고 헤어지는 과정에서 이루어지는 마무리 작업이기 때문에 그동안 상담과정에서 진행된 여러 가지 것들을 정리하는 단계를 거쳐야 되고 종결 이후의 삶을 준비하는 작업과 상담자와 내담자 사이의 이별과정을 다룰 수 있어야 된다. 내담자의 삶에 현저한 변화를 보이면서 상담의 목표가 어느 정도 이루어졌다고 판단이 되면 본격적인 종결 작업을 준비하면서 상담의 성과를 평가하는 작업도 중요하다.

종결상담에서 상담자의 역할을 살펴보기 전, 상담이 종결되는 상황들을 확인해 보고자 한다. 종결의 여러 가지 형태들은 크게 4가지 종류들이 있다. 여기 첫 번째는 목표달성에 의한 합의 종결, 두 번째는 목표달성 이전의 종결, 세 번째는 종류가 조기 종결, 네 번째는 때늦은 종결이다. 먼저 첫 번째 종류인 목표달성에 의한 합의 종결이다. 상담의 초기 단계에 상담자와 내담자 사이에 함께 합의했던 상담의 목표들이 충분히 달성되고 이와 같은 목표가 달성이 된 다음에 상담자와 내담자가 충분히 합의를 거쳐서 아름답게 종결이 마무리 지어지는 종결이라고 볼 수 있다. 가장 이상적으로 이루어진 상담이라고 볼 수 있으며, 누가 제안해도 상관없는 종결의 형태이다. 두번째는 목표달성 이전의 종결이다. 첫 번째 경우와는 반대되는 경우인데, 크게 세 가지로 구분할 수 있다. 한 가지는 상담자와 내담자의 목표가 불일치해서 목표달성 이전에 종결이 이루어지는 경우이다. 상담자와 내담자 간의 실제 목표 수준의 차이가 있는 경우들이 될 수 있다. 상담을 계속할지 말지는 내담자의 뜻을 따르도록 하는 것이 중요하고 상담자가 강요하지 않아야 한다. 적절한 종결 시점을 타협해서 점진적으로 종결 작업을 진행하는 것이 중요하다. 다음으로는 상담진행상의 문제로 인한 종결이다. 상담을 진행하는 데 있어서 어려움, 매끄럽지 못한 어려움이 있어서 상담을 종결하는 것이 더 나은 경우들이 있을 수 있다. 내담자의 특성상 더 이상의 효과를 기대하기 어려운 경우인데 내담자가 자기의 정서적인 부분들, 감정들을 노출하는 것이 어려운 내담자의 경우는 사실상 상담이라는 것이 진행되기가 어렵다. 마지막으로 환경변화에 의해서 피치 못하게 상담이 목표달성이 이루어지지 않았지만 종결해야 되는 경우이다.

　종결의 여러 가지 형태 중에서 세 번째 경우는 조기 종결이다. 두 번째 목표달성 이전의 종결과는 좀 다른 경우라고 볼 수 있다. 둘다 목표가 달성되기 이전에 그만둔다는 점에서는 비슷하지만 조기 종결이라는 것은 좀 다른 경우이다. 초기상담 도중에 내담자에 의해서 상담이 중단되는 경우를 조기 종결이라고 일컫는다. 즉, 목표달성을 위한 치료적 개입을 시작하기 이전에 상담이 중단되는 경우를 조기종결이라고 한다. 상담자는 이런 경우에 조기종결의 원인을 자기 자신에게 일단 두고서 그간의 상담과정을 꼼꼼히 살펴보고 점검을 하면서 내담자의 입장에서 조기종결을 결심하게 된 이유를 한번 평가해보는 과정이 필요하다. 다음은 네 번째로 앞의 두 경우와는 반대인 때늦은 종결이다. 종결을 할 시간이 되었는데도, 시기가 되었는데도 종결이 미루어지고 지지부진하게 끌고 있는 경우를 말한다. 합의한 상담목표가 달성이 되었는데도 불구하고 종결하지 않는 경우가 여기에 해당된다고 볼 수 있다. 때늦은 종결의 경우는 내담자가 상담자와의 상담관계에 빠져서 거기서 헤어나지 못하는 경우와 상담자에 대한 긍정적인 감정, 상담자에 대한 애정도가 친밀감, 존경심, 애착 이런 것들이 발전하게 될 수 있다. 이런 것들을 깨고 싶지 않아서 계속 유지하고 싶어서 종결을 미루고 끌고 있는 경우가 있을 수 있다. 그리고 종결 이후에 혼자서 세상을 살아갈 것에 대한 두려움과 상담에 대한 의존성 때문에 상담을 종결을 갖지 못하고 끌고 있는 경우가 있을 수 있다. 이러한 종결을 해결하기 위해서는 종결과정을 훈습할 수 있는 충분한 회기를 할당해서 여유를 가지고 종결과정에서 내담자의 취약한 심경을 다루고 대상 상실의 문제를 잘 대처할 수 있도록 도움을 주고 상담을 마무리를 하는 것이 좋다.

또한 종결도 단계를 받아서 진행해야 하며 갑작스런 종결은 바람직하지 않다.

상담자는 내담자에게 미리 "약 0회기 정도의 종결 시간을 두고 마무리하도록 합시다. 0회기가 지난 이후에는 우리가 상담을 종결하는 것으로 결정해보면 어떨까요?" 등의 제안을 통해 종결 시점을 결정하는 것이 좋다. 종결시간으로 정해진 회기에는 그동안 상담을 통해서 어떠한 성과들이 이루어졌는지 상담에서 초기에 합의한 목표가 얼마만큼 이루어졌는지를 점검하는 시간을 가져야한다. 그리고 종결에 따른 감정을 다루고 추후 상담약속을 하고 마무리를 짓게 된다.

종결상담에서 상담자의 역할은 내담자의 홀로서기를 돕고, 진행한 상담에 대한 평가, 상담 이후에 대한 안내, 상담보고서 작성 등이 있다. 내담자의 홀로서기를 돕는 작업이자 종결을 위한 기초작업은 상담의 초기 부분부터 이미 시작되었다고 볼 수 있다. 그리고 상담의 본격적인 치료작업의 중간에도 내담자의 변화를 검토하는 중간 점검들을 거치게 되며 상담의 목표달성 정도를 한 번씩 점검하고 확인하는 단계들을 거치게 된다. 이와 같은 상담의 중간 단계에서 이루어지는 내담자의 변화를 검토하는 과정이라든가, 목표달성 정도를 중간에 한번 평가하고 논의하는 과정에서 미래의 종결에 대해서 암시하는 것이 가능하다고 볼 수 있다. 상담에 대한 동기가 저하되거나 상담에 대한 참여 열의가 줄었을 때, 그리고 상담에서 별 변화가 없이 지지부진하게 상담이 무의미하게 지속되는 느낌이 들 때도 적절한 대처방안이 무엇이냐 하면 상담에 대해서 지금까지 이루어진 것들에 대해서 한번 평가하는 시간을 갖고 종결에 대한 암시를 해서 동기를 북돋고 열의를 되살리는 작업을 할 수 있다.

종결을 하게 될 때도 상담자는 일정한 구조화를 거쳐서 종결을 하는 과정을 밟는 것이 바람직하다. 대략은 한 달 반에서 두 달 정도의 기간을 여유 있게 남겨놓고 종결에 대한 논의를 시작하는 것이 좋으며 종결 준비를 거치는 데는 약 4~6회 정도의 상담회기를 남겨 놓고 종결 준비를 거치시는 것이 일반적으로 가장 좋다고 일컬어진다. 특히 의존적인 내담자라든지, 자율성이나 독립성에 대한 준비가 아직 갖추어지지 않은 내담자일 경우에는 좀더 충분한 준비기간 확보가 필요한 경우가 있을 수 있다. 이러한 상황을 잘 살펴서 내담자에 따라서 종결 준비를 위한 기간을 좀더 길게 가져야 되는 경우들도 있기 때문에 내담자에 따라 일정 조정이 필요하다고 볼 수 있다. 상담의 종결과정에서는 상담자와 내담자가 함께 합의해서 회기와 회기 간의 간격을 늘려가면서 그동안 상담에서 이룩한 변화와 목표달성한 것들을 평가하는 시간을 갖고 상담을 통해서 학습한 내용들을 정리하는 시간을 반드시 거쳐야 한다.

종결상담에서 이루어져야하는 작업 중의 하나는 상담에 대한 평가이다. 상담자는 지금까지 어떤 과정을 거쳐서 상담이 진행되었는지 내담자에게 간단히 정리해주고 상담을 통해서 내담자가 얻은 변화와 진척을 점검하여 함께 합의한 목표가 어느 정도 달성이 되었는지를 점검하는 시간을 갖는다. 내담자가 거기에 대해서 어느 정도 만족하고 있는지 함께 확인하고 남은 문제는 무엇이고 미진한 것들이 무엇인지도 함께 정리하는 시간을 가지면서 상담의 당사자인 내담자의 주관적인 의견과 상담자의 전문가적 판단도 중요하다.

다음 종결상담에서 해야 될 것은 재발 가능성에 대해서 안내하는 작업이다. 내담자가 취약해지는 힘든 상황에 처하거나 또는 심한 스트레스를 받게 되면 과거의 반응양식이 다시 되살아날 수 있다. 상담에서 충분히 연습하고 충분히 습득하였다고 하더라도 문제상황이 다시 재발할 수 있는 것은 자연스러운 일이고 누구에게나 벌어질 수 있는 당연한 것이다. 종결 후에 재발 가능성에 대해서 공지하여 증상이 재발했을 때는 자신을 힘들게 하는 것이 무엇인지, 무엇 때문에 증상이 다시 재발하게 되었는지 내담자 스스로가 좀더 그 문제상황에 대해서 거리를 두고 관찰할 수 있도록 돕는 것이 중요하다. 증상이 재발했을 때 상담에서 터득한 지혜를 활용해서 혼자 극복하는 경험이 생기게 되면 앞으로 내담자의 대처 역량이 보다 더 높아질 수 있다. 또한 종결 후에 내담자 혼자 다루기 어려운 상황이 발생했을 때 추가적으로 상담을 받을 수 있다는 정보를 내담자가 알고 있으면 크게 위안이 되고 내담자가 안정감을 갖는데 중요하다.

마지막으로 상담자가 해야 할 역할은 종결보고서를 작성하는 과정이다. 상담이 종결된 다음에 종결보고서를 작성해서 반드시 자료파일에 끼워 넣어야 한다.

(1) 초기상담의 과업과 상담자의 역할에 대해 설명하세요.

(2) 중기상담의 과업과 상담자의 역할에 대해 설명하세요.

(3) 종결상담의 과업과 상담자의 역할에 대해 설명하세요.

〈초기상담〉

- 주요 과업
  - 내담자의 호소내용을 상담자가 잘 들으면서 내담자와 관계를 형성하는 일
  - 상담의 목표를 설정하고 대안을 탐색 및 실천계획을 수립

- 상담자의 역할
  - 내담자의 적응을 도움
  - 상담목표와 계획을 설정하는 것에 대한 도움을 주는 것

〈중기상담〉

- 주요 과업
  - 내담자의 문제가 무엇인지를 좀더 세부적으로 탐색
  - 효과적인 대안책이나 문제 해결

- 상담자의 역할
  - 내담자의 저항을 알아차리고 극복할 수 있도록 도움
  - 상담의 진행이 원활한지 중간중간 점검을 하는 것

〈종결상담〉

- 주요 과업
  - 상담의 종결 시점을 결정

- 상담자의 역할
  - 내담자의 홀로서기를 도움
  - 진행한 상담에 대한 평가
  - 상담 이후에 대한 안내
  - 상담보고서 작성

부　　록

1. 개인상담기법

1) 정신분석 상담이론

　정신분석 상담은 개인의 사고, 감정, 행동이 심리내적 원인에 의해 결정된다고 보며, 무의식 속에 내재되어 있는 갈등과 충동을 이해해야 한다고 가정한다. 정신분석 상담은 무의식을 의식화함으로써 개인의 성격구조를 수정하고, 현실에 맞게 행동하도록 자아를 강화시키는 것을 목표로 한다.

　- 자유연상: 내담자에게 무의식적 감정과 동기에 대해 통찰하도록 하기 위해 마음 속에 떠오르는 것을 의식의 검열을 거치지 않은 채 표현하도록 격려하는 기법이다.

- 꿈 분석: 꿈은 무의식적으로 구성되는 것으로 잠재적인 내용을 여러 조각으로 나누어 자유연상을 통해 의미를 찾아가는 기법이다.
- 훈습(working-through): 내담자가 이전에 회피했던 무의식적 자료를 정확히 이해하고 통합하여 일상생활에 적용할 수 있을 때까지 상담자와 함께 연습한다는 의미에서 훈습이라고 한다.
- 전이: 내담자가 인생 초기의 의미있는 대상과의 관계에서 무의식적으로 묻어두었던 감정, 신념, 욕망을 자기도 모르게 상담자에게 표현하는 현상이며, 이를 분석하여 내담자의 무의식에 묻혀있던 감정, 신념, 욕망을 정화하고 의식적으로 표현할 수 있도록 한다.
- 버텨주기(holding): 내담자가 막연하게 느끼고는 있으나 감히 직면할 수 없는 깊은 두려움을 상담자가 상담과정 안에서 적절한 순간, 적절한 방법으로 알려주는 것을 말한다.

2) 개인심리 상담이론

사람의 행동은 사회적 맥락에서 발생한다고 본다. 사람은 각자의 인지조직, 생활양식을 이해해야 함께 이해할 수 있다. 개인심리 상담은 내담자의 인지적 측면을 수정하여 행동하도록 하고, 사회적 관심, 상식, 용기를 갖도록 하는데 조력한다.
- 단추누르기: 단추를 누르는 것처럼 내가 어떤 사고를 갖느냐에 따라 감정이 생긴다는 사실을 깨달음으로써 부정적 감정에 지배되지 않고 통제할 수 있기 위해 사용한다.
- 스프에 침 뱉기: 내담자가 습관적으로 사용하는 변명, 행동,

생각 등을 더 이상 하지 못하도록 하는 기법이다.
- 마치 ～인 것처럼 행동하기: 가상장면에서 내담자가 바라는 행동 또는 바람직하게 생각하는 자신의 모습을 상상함으로써 그렇게 되도록 하는 기법이다.
- 자기 간파: 내담자가 행동의 선택권은 자신에게 있음을 알도록 하는 기법이다.
- 악동 피하기: 부정적 감정 호소로 상담자를 통제하려는 의도를 간파하여 내담자의 의도와는 다르게 행동하는 기법이다.
- 마이더스 기법: 내담자의 신경증적 증상을 과잉동정한다. 이러한 접근은 유머러스하게 진행되도록 하되, 내담자가 아니라 증상을 웃음거리로 만드는 것이다.

3) 게슈탈트 상담이론

사람은 되어가는 과정에 있는 존재로, 부분의 총합 이상의 존재라고 보았다. 사람은 변화 가능하고 책임질 수 있는 존재, 중립적인 존재이면서도 완전한 정신·감각적 접촉이 가능한 존재로 보는 것이 게슈탈트 상담의 인간관이다. 게슈탈트 상담의 목표는 알아차림과 접촉의 증진, 자신의 통합, 자립과 책임 증진, 성장, 실존적 삶이다.
- 알아차리기 기법: 지금－여기에서 경험하는 욕구와 감정을 알아차리도록 내담자가 미해결 과제를 해결하는 기법이다. 알아차림의 종류는 욕구와 감정, 신체, 환경, 언어, 책임으로 구분할 수 있다.
- 빈 의자 기법: 내담자의 문제가 갈등·관계상의 문제일 경우 상담 장면에 함께 하지는 않지만 문제가 되는 사람과 직접

대화를 나누는 형식을 취한다.

- 자기부분과의 대화: 내담자의 내면을 통합하도록 하는 기법으로, 내담자가 마음 속으로 갈등하는 부분, 내담자 내적으로 분열된 부분, 내담자가 속으로 거부하고 부인했던 성격의 부분들 간에 대화를 시키는 것 등이 있다.

4) 행동주의 상담이론

사람은 가치중립적이며, 학습결과에 따라 행동하는 존재라고 보았다. 행동주의 상담의 초점은 '행동'이며, 상담목표는 부정적인 행동의 소거, 긍정적인 행동의 재학습 및 증진에 있다.

- 혐오기법: 부적응 행동을 제거하는 방법으로, 제거 대상인 행동에 혐오자극을 제시한다.
  ① 타임아웃: 부적응 행동에 대해 긍정적 강화의 기회를 일시적으로 박탈하는 기법이다.
- 차별강화: 내담자의 다양한 행동 중 하나만을 골라 선택적으로 강화하는 기법이다.
- 행동조성: 긍정적 행동을 여러 단계로 나누어 강화함으로써 단계적으로 긍정적 행동에 접근할 수 있도록 유도하는 기법이다.
- 토큰 강화: 긍정적 행동을 할 때마다 토큰(스티커, 환권 등)을 주어 원하는 보상(물건이나 권리)로 바꿀 수 있도록 행동수정에 도움이 되는 기법이다.
- 체계적 둔감법: 불안을 발생시키는 상황들을 단계적으로 상상하여 불안을 감소시키거나 소거시키는 기법이다. 기법을 실행할 때에는 이완된 상태에서 작은 불안부터 하나씩 감소시

켜 나가 최종적으로 불안을 느끼는 상황이 더 이상 불안을
느끼지 않는 상황이 되도록 한다.
- **이완훈련**: 이완훈련은 근육이 이완된 상태에서 불안이 일어
  나지 않는다는 원리에 따라 근육의 긴장을 자유자재로 이완
  시킬 수 있을 때까지 훈련한다.
- **노출법**: 내담자가 두려워하는 자극·상황에 반복적으로 노출
  시켜 직면하도록 함으로써 특정 자극상황에 대한 불안을 감
  소시키는 기법이다.
- **모델링**: 내담자가 타인의 행동을 관찰함으로써 바람직한 행
  동을 학습·수행하도록 돕는 기법이다.
- **자기관리(자기조절) 프로그램**: 내담자가 자신의 행동을 조절할
  수 있도록 인지·행동적 방법을 결합하여 활용하는 기법이다.
- **자기표현훈련**: 의사소통의 세 가지 기본 스타일, 소극적·자기
  표현적·공격적 스타일로 가정하여 인간관계에서 가장 바람
  직한 표현 방법을 증가시킴으로써 올바른 스타일을 증가시키
  는 기법이다.
- **자기교시(지시) 훈련**: 언어와 행동 간의 관계를 중시하는 기법
  으로, 내담자가 자신에게 하는 말을 통해 사고와 행동을 바
  꿈으로 긍정적 결과를 얻고자 한다.

5) 합리적 정서행동 치료

사람은 세 가지 심리구조, 사고, 정서, 행동으로 상호작용한다
고 가정한다. 그 중에서 인지가 인간정서에 가장 중요한 핵심적 요
소이고, 인지가 역기능적으로 작동하게 되면 정서장애의 중요한
원인이 된다. 합리적 정서행동치료의 상담목표는 내담자가 가진

비합리적 생각의 교정을 통하여 부적절한 정서를 적절한 정서로, 부정적 행동을 긍정적 행동으로 교정하는데 있다.

- ABCDEF 모델

  A 선행사건: 내담자에게 부정적 감정을 유발하는 촉발 사건

  B 신념: 촉발 사건에 대한 내담자의 신념

  　상담을 요하는 경우 비합리적 신념을 가지고 있을 가능성이 높음

  C 결과: 비합리적 신념·사고로 인한 부정적 정서적 결과

  D 논박: 비합리적 신념·사고에 대해 확인하고 질문·논쟁·도전 등을 통한 논박

  E 효과: 비합리적 신념에 논박을 통해 합리적 신념으로 대치하게 한 후 느끼게 되는 자기 수용적 태도와 긍정적 감정의 결과

  F 감정: 합리적 신념을 갖게 된 다음에 얻게 되는 자기수용적 태도와 긍정적인 느낌

- 소크라테스 대화법: 내담자가 막연하게 여겼던 신념들을 상담자의 분석적 질문을 통하여 정리할 수 있도록 돕는 기법이다.
- 합리정서 심상법: 논박을 통해 정서 변화를 돕는 것으로, 논박 이후 부정적 정서를 적절한 정서로 대체하는 자신의 모습을 상상하는 기법이다.
- 수치감 공격연습: 타인을 의식하느라 평소 해보지 못한 행동을 시도하는 기법이다.

6) 인지행동 상담이론

특정 장애를 발생·유지·악화 시키는 원인 등을 설명하는 심리학적 이론에 기초한다. 사람은 다른 요인보다 '인지'에 초점이 맞추어져 있고, 주관적 현실에 의해 감정과 행동이 결정된다. 인지행동상담의 상담목표는 사고의 편견, 인지왜곡을 제거하고, 내담자가 바람직한 행동대안을 찾도록 돕는다.

- 역기능적 사고 기록지: 합리적 정서행동상담이론의 ABC 모델을 사용하여 사건·상황과 그때의 감정 및 행동을 적어놓고 그 사이에 어떤 생각이 개입되어 있는지 지각하도록 돕는다.
- 삼단논법: 소크라테스식 문답법의 구체적인 형태로, 신념의 증거, 상황에 대한 관점 변화, 예상되는 결과를 단계적으로 질문하여 부정적 사고의 변화에 도움이 되도록 구성되어 있다.
- 탈 파국화: 내담자가 일어날 가능성이 적은 결과에 대하여 가정 기법이며, 가능한 결과에 과잉반응할 때 사용 된다.
- 절대성에 도전한다: 내담자의 역기능적 사고에는 '누구나', '항상', '언제나', '결코', '아무도', '어느 누구도', '매일 같이', '단 한번도'와 같은 절대적 표현에 관해 질문하고 도전함으로써 더 정확하게 인지하고 표현하도록 한다.
- 대처카드: 내담자는 자신의 사고를 쉽게 변화시키기 어렵기 때문에, 적응적 사고를 기록한 카드를 쉽게 지니고 다니거나 볼 수 있는 곳에 붙여 두고 수시로 읽거나 되뇌이도록 하여 사고를 시키는 기법이다.

7) 현실치료

내담자의 현재 행동에 초점을 두고 그 행동이 내담자가 원하는 것을 얻을 수 있을지 살피는 방법으로, 선택이론을 토대로 사람은 자신의 삶은 행하고, 느끼고, 생각하는 것에 대해 책임이 있다고 가정한다. 현실치료의 상담목표는 내담자가 행동에 책임을 질 수 있고 자신의 욕구를 충족시킬 수 있는 행동을 학습하도록 돕는다.

- WDEP 기법

  W 욕구탐색: 내담자가 원하는 것이 무엇인지 탐색

  D 전행동 탐색: 내담자의 전행동(활동하기, 생각하기, 느끼 기, 신체반응)을 탐색

  E 행동평가: 현재 행동이 내담자의 욕구를 충족시키는데 효 과적인지 평가

  P 계획하기: 내담자의 행동 중 욕구충족에 도움이 되지 않는, 비효과적이고 부정적인 것들을 찾아 이를 효과적이고 긍 정적인 것으로 바꾸기 위한 계획

2. 집단상담기법

1) 집단시작을 돕는 기법

- 참여유도(참여촉진): 집단상담에 아직 참여할 준비가 되어 있지 않거나 두려움을 가지고 있는 경우 집단구성원이 편안하게 자신의 개인적인 관심사를 오픈하며 집단 장면으로 들어올 수 있도록 초대하는 과정이다. 단, 자신을 드러낼 수 있는 기회를 제공하는 동시에 거부할 권리도 있음을 인정해야 한다.

- 집단상담의 구조화: 집단상담자가 집단구성원들에게 집단상담 참여에 필요한 내요를 설명하는 것을 말한다. 구조화 내용으로는 집단상담 안내(집단상담자에 대한 소개, 집단의 목적과 목표, 집단상담 일정 등), 집단상담 진행방법(집단상담자가하는 역할, 집단구성원의 참여, 집단구성원이 어디까지 개방할지 여부), 집단상담 시 유의사항(집단구성원의 언어와 행동에 대한 책임, 집단에서 지켜야할 규칙, 비밀유지 등)을 말한다.

2) 집단분위기 조성기법

- 초점 맞추기: 초점 맞추기란 주제, 활동, 집단구성원(사고, 감정, 행동, 경험 등)에 대해 집중적으로 이야기 하는 기법이다. 초점 맞추기 기법에서는 초점설정, 초점유지, 초점이동, 초점심화로 구분할 수 있다. 초점설정은 집단상담자의 중요한 임무로, 집단에서 이야기 될 내용을 정하는 것이다. 초점

유지는 집단의 목적에 부합되는 내용을 지속적이고 의도적으로 다루는 것이고, 반대로 초점이동은 더 이상 유지할 필요가 없는 내용일 경우 이동시키는 방법이다. 초점심화는 선택된 주제에 대해 더 깊게 다루는 것으로, 작업의 깊이를 더해 감에 따라 통찰을 유도하고 자기이해의 폭을 넓혀 건설적인 행동변화를 도출해 내기 위한 방법이다.

- 피드백: 타인의 행동, 사고, 감정에 따른 반응으로, 관찰된 내용과 관련된 자신의 감정과 생각을 언어적으로 표현하여 되돌려 주는 것이다. 집단구성원들 간에 피드백을 주고 받음으로써 자신의 모습을 확인할 수 있는 동시에 자신이 미치는 영향도 확인할 수 있다.

- 연결과 보편화: 연결은 집단구성원 간의 행동이나 말의 유사점을 지각할 수 있도록 도와주는 것이고, 보편화는 상호작용을 통하여 집단구성원들이 자신과 유사한 감정과 관심을 가지고 있다는 것을 깨닫도록 돕는 방법이다.

- 차단하기: 부정적인 영향을 주는 의사소통(집단과정을 해치거나 집단구성원의 성장을 저해시키는 것)을 집단상담자가 개입하여 중지시키는 기법이다.

- 진단: 집단구성원의 행동, 감정, 사고를 유형으로 분류하고 증상유무를 확인하며 어떤 진단적 범주에 속하는지 파악하는 것 이상의 의미한다.

- 평가: 회기를 마칠 때 그 회기에 일어났던 사건, 다루었던 내용을 자세히 검토하는 기법을 말한다.

3. 가족상담기법

1) 보웬(Bowen)의 다세대 가족상담

정신분석적 원리 및 실제에 직접적인 영향을 받은 치료적 임상모델이다. 상담목표는 가족 구성원을 자아집합체로부터 분리시켜 독립하여 자율적으로 기능할 수 있도록 돕는 것이다.

- 가계도: 최소한 3세대에 걸친 표식을 통해 문제를 폭넓게 진단하는 그래프적 기법이다. 가족구조를 도식화하고, 가족에 관한 정보를 기록하며 가족관계를 표현할 수 있다.
- 치료적 삼각관계와 탈삼각화
  - 치료적 삼각관계: 내담자들이 가지고 있는 문제해결을 돕기 위해서 상담자는 중립적이고 객관적인 자세를 유지하면서 삼각관계 과정에 휘말리지 않는 것이다.
  - 탈삼각화: 가족 간의 삼각관계에 끌려 들어가고 다른 사람들을 삼각관계에 끌어들이는 모호하면서도 분명한 기법법들을 인식하는 것이다.

- 나의 입장 기법: 정서적 충동에 의해 반응하는 것을 막는 기법으로, 치료과정에서 치료자도 내담자에게 나의 입장을 취한다. 상대방의 행동을 비난하거나 지적하기보다는 자신의 감정에 초점을 맞추어 표현하는 것이다.
- 관계실험: 삼각관계 치료에서 삼각관계를 구조적으로 변화시키기 위해 사용하는 기법으로, 가족들에게 가족체계의 과정을 인식하고 자신의 역할을 탐색하도록 하는데 도움이 된다.

이 기법은 자신과 상대방 사이에서 어떤 정서과정이 발생되는지를 경험도록 하는 것이다.

2) 사티어(Satir)의 경험적 가족상담

– 빙산기법: 가족 구성원의 심리내적 역동을 구체적으로 살펴볼 수 있는 기법으로 개인의 행동과 태도의 내면에 자리잡고 있는 진정한 느낌과 생각, 기대, 열망 등을 자각할 수 있도록 도와주는 기법이다. 빙산은 행동, 대처방식, 감정, 지각, 기대, 열망, 자아로 구성되어 있다.

– 가족 재구조화

① 원가족 도표: 가족 중 자녀의 원가족 도표, 가족 중 어머니 원가족 도표, 가족 중 아버지 원가족 도표로 작성하여 각 개인의 심리적 과정뿐 아니라 가족과의 상호작용 및 가족 역동성을 이해하고 평가하게 해준다.

② 가족생활사건 연대기(나의 생활 연대기): 출생 후 현재까지 주요 생활사건을 연대별로 나열한 것으로 가계도와 비슷하게 3대 가족들의 중요한 사건을 열거하여 다루는 것이다. 가족 중 자녀를 기준으로 조부모의 출생부터 자신의 현재까지 대가족의 역사 속에서 나타는 의미 있는 사건을 연도별로 기록한다.

③ 영향력의 수레바퀴: 가족 중 자녀가 성장하는 과정에서 긍정적이든 부정적이든 자신에게 영향을 주었던 사람·사건을 바퀴모양의 그림으로 나타내는 것이다. 내담자를 중심으로 사람과 사건을 연결하여 의식적으로 인식하지 못했던 경험과 관계, 영향 등을 이해할 수 있다.

- 가족조각 기법: 가족 중 한 사람이 자신이 인식하고 있는 가족의 이미지에 따라 위치, 신체적 표현, 관계 등을 상징적·비유적으로 묘사시키는 기법이다. 이는 자신이 가진 가족관계, 상호작용 패턴을 위치나 자세로 만들어 표현하는 것이다.

3) 전략적 구조주의 가족상담

- 고된 경험기법: 증상이 나타날 때마다 내담자가 괴로워하는 일을 수행하도록 지시하는 직접적이며 처방적인 개입이다. 내담자의 욕구와 일치하는 것이어야 하고, 불건전하거나 해를 입히는 일이 되어서는 안된다.
- 가장(위장)기법: 내담자가 증상을 가진 '척하고' 부모는 도와주는 '척하는' 연극적인 기법이다. 비교적 부드럽고 덜 직면적인 방법으로, 내담자의 저항 극복을 돕는다.

4) 밀란의 체계적 모델

- 의례·의식
  • 홀수날과 짝수날: 가족의 의식을 부모에게 짝수날과 홀수날을 구분하여 처방한다. 예를 들어 아버지는 짝수날, 어머니는 홀수날에 가족이 가지고 있는 의식을 책임지고 거행하도록 한다.

5) 이야기 치료

- 문제의 외재화: 사람보다는 문제를 객관화시키는 대화로 구성되며, 내면화된 증상을 인격화 시키는 것으로 나타난다.

예시

부모님의 잔소리가 당신을 괴롭히고 있군요.

→ 잔소리가 부모님에게 부모님과 당신 사이에 갈등을
　일으키게 했군요.

- 회원 재구성: '인생＝회원으로 구성된 클럽'으로 보고 개인의
전체성은 타인과의 관계를 통해 형체를 갖추게 된다. 여기서
회원은 내담자의 과거·현재·미래의 삶에서 내담자에게 영향
력을 행사할 수 있는 사람을 말한다. 회원 재구성에서는 특
정 회원을 우대하거나 자격 유지, 등급을 올리거나 내리기,
특정 의견을 존중하거나 무시하기 등의 회원 정비 기회를 갖
는다.

4. 진로상담 기법

1) 내담자 특성 파악을 위한 진로상담 기법

- 생애진로사정: 진로상담에서 정보 수집 단계에서 사용될 수 잇는 구조화된 면접 기법으로 상담자가 내담자의 체계적인 다양한 정보를 수집하고 내담자는 자신에 대해 체계적으로 이야기 해 나가며 자신의 경험에 대해 정리하고 자기 삶의 방식을 알아가는 과정이다. 생애진로사정은 진로평가(직업경험, 교육과 훈련, 여가활동), 일상적인 하루(독립 – 의존, 체계적 – 임의적), 강점과 장애로 구분하여 질문한다.

- 진로가계도: 내담자의 정보를 수집하는 질적 평가 기법 중 하나로 3세대에 걸친 내담자 가족이 어떤 직업을 가지고 있는지, 진로를 선택해 왔는지, 그로 인해 내담자에게는 어떤 영향을 주었는지 등을 살펴봄으로써 진로선택과 관련하여 내담자를 더 깊게 이해하는 통로가 된다. 가족상담에서 사용하는 가계도에 직업·진로에 관한 정보를 함께 제시하여 진로상담에서 정보수집에 유용하게 활용할 수 있다.

- 직업카드 분류법: 다양한 직업이 적힌 카드를 이용하여 진로에 대한 정보제공을 하는 기법이다. 직업카드를 분류하는 작업을 통해 자신의 특성(흥미, 가치관 등)을 탐색하고 직업의 다양성과 종류를 이해할 수 있다. 또한 직업세계를 이해하기 위한 중요한 요소 이해, 직업정보를 구체적으로 탐색할 수 있다. 내담자가 원하는 주제, 아이디어, 이슈, 가치, 느낌 등에 따라 분류할 수 있으며 점수나 규준을 가지고 있지 않기

때문에 거부감 없이 진행 가능하다.

2) 의사결정 조력을 위한 진로상담 기법

- 의사결정 유형 검사 활용
- 진로자서전: 내담자의 학교 선택, 고등학교 졸업 이후의 직업 훈련, 아르바이트를 통한 경험, 고등학교에서 배운 지식과 기술, 자신에게 중요한 타인들에 대해 작성하도록 한다. 이는 내담자가 과거에 진로와 관련하여 어떤 의사결정을 했는지 알아보기 위한 과정이다.
- 의사결정 일기쓰기: 내담자가 의사결정 기법을 알아보기 위해 일상적인 의사결정, 내담자가 일상생활에서 무엇을 하고, 무엇을 먹고, 무엇을 입을 것인가와 같은 세세한 부분의 결정을 어떤 방식으로 내리고 있는지 기록하게 한다. 일기작성을 통해 자신의 의사결정 기법을 이해하고 자각과 민감성을 증대시키며 의사결정과정에 적극적으로 참여할 수 있도록 한다.
- 주관적 기대효용 활용: 모든 의사결정은 3가지 과정을 거치게 된다. 첫째, 목표 설정, 둘째, 항목에 대한 선호도, 셋째, 선호도 중 한가지 선택의 과정이다. 주관적 기대효용은 개인의 선택은 타인이나 사회보다 자신의 행복이나 즐거움, 만족에 대한 감정을 충족하도록 선택하는 것을 뜻한다.

---

* 주관적 기대효용을 도울 수 있는 지침
목표를 파악한다.
선택 가능한 것들을 사전에 조사한다.
숨겨진 가치를 파악한다.

의사결정의 중요성을 파악한다.

시간과 노력에 대한 계획을 수립한다.

전략을 선택한다.

선택 가능한 것들을 파악한다.

적절한 시기에 계획한 대로 선택한다.

– 은유로 저항감 다루기: 내담자가 진로상담에서 저항감을 드러
내거나 동기가 없는 경우, 은유를 사용하여 내담자의 저항을
낮추고 의사결정을 도울 수 있다. 은유로 활용할 수 있는 소
재로는 시, 소설, 동화, 우화, 비유, 노래, 영화, TV 프로그램
등 여러 가지가 있다.

3) 진로실천 계획을 작성하는 다양한 기법

– 진로실천 계획서 작성: 직업인, 지역사회 구성원, 가족 구성원
등 생애 역할에 따라 진로계획을 세울 수 있다. 시간단위에
따라 한달, 1년, 5년, 10년 단위로 나누어 계획을 세울 수 있
고 개인의 목표에 따라 자격증이나 학위 취득에 대한 계획,
취업, 이직, 승진에 대한 계획 등으로 나누어 작성하기도 한
다. 진로실천 계획은 문서화된 형태로 기록한다. 또 한번 작
성하고 계획을 세우는 것으로 끝나는 것이 아니라 상담과정
중에 지속적으로 관리하여 수정·검토하는 기법을 터득하여
종결 후에도 지속할 수 있도록 격려한다.

5. 상담계획서 작성

상담계획서는 상담자가 상담을 시작하기 전 계획을 세우고 그 내용을 작성한 문서이다. 상담계획서에는 내담자가 가지고 있는 문제, 상담을 진행할 목표, 제안된 해결 방안과 문제점 등 자세하게 작성되어야 한다.

1) 상담계획서의 필요성

내담자가 가지고 있는 문제에 대한 진단과 내담자에 대한 평가, 접수면접(상담 전 진행하는 면접)을 통한 사례개념화, 상담목표 설정 등을 바탕으로 개입기법, 상담기간, 상담시간 등을 포함한 상담전략에 대한 계획을 작성한다. 상담계획을 수립하는 과정은 상담의 초점과 방향성을 설정하고 상담목표가 달성되고 있는지 상담을 진행하는 동안 활용할 수 있는 근거자료가 될 수 있다.

2) 상담계획서 작성 기법

상담자는 자신이 가지고 있는 상담이론적 바탕을 내담자가 알수 있도록 고지해야 하고, 이를 바탕으로 하는 이론적 접근과 개입기법, 구체적인 전략, 상담형식 등에 대한 선정이 이루어져야 한다. 기간전략으로는 전체적인 기간, 상담 횟수에 대한 의사결정, 단기·장기상담, 상담회기 등에 대한 내용이 기재되어야 하고, 사례관리전략은 내담자의 접수에서부터 상담과정 전반에 걸쳐 사례를 효율적으로 운영할 수 있는 전략에 대한 결정이다.

3) 상담계획서 작성시 고려할 점

① 상담자의 능력을 고려해야 한다.

: 상담자의 전문적 능력과 받은 훈련이 고려된 계획

② 상담자의 전문분야가 반영될 수 있다.

: 상담자마다의 전문분야가 다르기 때문에 그에 맞는 계획

③ 상담자의 이론적 배경이 반영될 수 있다.

: 상담자마다 훈련받거나 선호하는 이론에 맞는 계획

④ 내담자의 특징과 주변 자원을 고려한다.

: 특히 내담자의 강점과 활용할 수 있는 점 등을 잘 찾아내 는 것이 관건

⑤ 상담계획과 상담목표 등은 관련성이 있어야 한다.

4) 상담계획서 예시

상 담 계 획 서

■ 상담주제 :

■ 상담목표 :

■ 상담관련 준비물(자료) :

■ 상담기간 :

■ 예상되는 어려움

■ 제안된 해결기법

■ 예상되는 반대

■ 반대에 대한 대응책

■ 내담자의 강점

상 담 계 획 서

■ 상담주제 : A의 진로선택과 부모님과의 갈등관계

■ 상담목표 : A와 부모님간의 갈등관계를 해소

■ 상담관련 준비물(자료) :

■ 상담기간 : 20××. ××. ××. ~ 20○○.○○.○○
　　　　　　　매주 수요일 15:00~15:50 (법정 공휴일 제외)

■ 예상되는 어려움

> 갈등이 심화된 상태라 상담 진행에 어려움이 있을 것으로 예상

■ 제안된 해결기법

> 갈등이 진로에 대한 확고한 선택 또는 진로 선택의 유예

■ 예상되는 반대

> 진로에 대해서는 부모님과 내담자 모두 양보할 생각이 없어 보임

■ 반대에 대한 대응책

> 진로에 대해서는 부모님과 내담자 모두 양보할 생각이 없어 보임

■ 내담자의 강점

> 내담자는 근본적으로 성실하며, 성적이 매우 우수한 편

공감적 이해의 5수준

수준 1: 상대방의 언어 및 행동 표현의 내용으로부터 벗어나 거나 내용에 주의를 기울이지 않기 때문에 감정 및 의사소통에 있어서 상대방이 표현한 것보다는 훨씬 못미치는 수준

수준 2: 상대방이 표현한 감정에 반응은 하지만 상대방이 표 현한 것 중에서 주목할 만한 감정을 제외시키고 의 사소통하는 수준

수준 3: 상대방이 표현한 것과 본질적으로 같은 정서와 의미 를 표현하여 상호교류적인 의사소통을 하는 수준

수준 4: 상대방이 스스로 표현할 수 있는 것보다 더 내면적 인 감정을 표현하면서 의사소통하는 수준(이 수준부 터는 의사소통이 촉진된다.)

수준 5: 상대방이 표현할 수 있었던 감정의 내면적 의미들을 정확하게 표현하거나 상대방의 내면적 자기 탐색과 완전히 같은 몰입 수준에서 상대방이 표현한 감정과 의미에 첨가하여 의사소통하는 수준(상대방의 적극 적인 성장동기를 이해하여 표현한다.)

수용적 존중의 5수준

수준 1: 의사소통자의 언어와 행동 표현에서 상대방에 대한 존중이 명백히 결여되어 있거나 부정적 배려만이 있는 수준

수준 2: 상대방의 감정, 경험 및 잠재력에 대해 거의 존중하지 않는 수준

수준 3: 상대방의 감정, 경험 및 잠재력에 대해 기본적으로 긍정적인 존중과 관심을 전달하는 수준

수준 4: 상대방에 대해 깊은 긍정적 존중과 관심을 표명하는 수준

수준 5: 상대방에게 한 인간으로서의 가치와 자유인으로서의 잠재력에 대해 매우 깊은 긍정적 존중을 전달하는 수준

일관적 성실성(솔직성)의 5수준

수준 1: 자신이 느끼는 감정과는 무관한 표현을 하거나 부정
적인 것에만 진지한 반응을 하기 때문에 상대방에게
전체적으로 파괴적인 영향을 주는 수준

수준 2: 자신이 느끼는 감정과 거의 관계가 없는 표현을 하
거나 상대방에 대한 진지성이 주로 부정적인 반응에
대해 나타나는 수준
(부정적인 반응을 대인관계 탐색의 기초로서 건설적
으로 사용하는 방법을 모르는 수준)

수준 3: 말하고 느끼는 것 중에서 부정적인 단서를 보이지는
않지만 정말 진지한 반응을 나타내는 긍정적인 단서
를 제공하지 못하는 수준

수준 4: 상대방에게 긍정적이든 부정적이든 진지한 반응을
나타내며 긍정적인 반응 단서를 건설적인 방식으로
제시하는 수준

수준 5: 상대방과의 비타산적인 관계에서 자유롭고 깊게 자
기 자신의 모습이 되는 수준

◆ 상담사례 개념화 연습해보기 ◆

상담신청서를 보고 상담계획 및 사례개념화를 진행해 보세요.
- 수업 중에는 상담자와 내담자의 역할을 나누어 지금까지 배운 기법들을 활용하여 상담 역할극을 진행해 보세요.

1. 상담신청서 〈김○○〉

접수번호	2020 - × ×		신청일	20××년 ××월 ××일

상담신청서

성명	김○○			집	
소속	1학년 ○○반 ○○번		연락처	핸드폰	010 - × × × × - × × × ×
성별	남(　　　) / 여(　∨　)			E-mail	
생년월일	20××년 ××월 ××일 (만 13세)			종교	무교
주소				취미	유튜브 시청
				장래희망	아직 모르겠음

가족관계	성명	관계	연령	직업	친밀도 나쁨　　　　좋음		비고 (동거여부)
	김○○	아빠	46	사업	1　2　**3**　4　5		○
	정○○	엄마	45	가정주부	1　2　3　**4**　5		○

김○○	언니	17	학생	1	2	3	4	**5**	○
김○○	남동생	12	학생	**1**	2	3	4	5	○
				1	2	3	4	5	

가족 형태	부모님이 함께 생활 (∨) 이혼 ( ) 사별 ( ) 별거 ( ) 재혼 ( )

상담 및 심리검사 받은 경험	있다 ( )
	없다 (∨)

◎ 내방경위 및 호소문제

　김○○는 진로 선택에 대한 어려움으로 상담실을 방문하였다. 아직 진로를 선택하지 못했는데, 학교에서 진행하는 진로 프로그램에 참여하면서 더욱 혼란스러워진 것 같다고 하였다. 지금까지는 별 생각 없이 지내왔으나 프로그램에서 꿈을 가지라는 말을 들은 후 부담감을 느끼고 있다.

◎ 학업 특성 및 진로 발달과정

　김○○는 학업능력은 매우 뛰어나지만 실제 자신의 흥미나 적성에 대한 파악이 전혀 되지 않은 상태이다. 실제로 공부를 하는 시간 외에는 별다른 취미생활 없이 유튜브를 시청하며 시간을 보내는 것을 좋아한다. 초등학교에서 중학교로 진학하는 과정에서도 큰 어려움없이 성적을 유지하였고, 현재 다양한 적성과 흥미를 확인해야 하는 시점에서 꿈을 가져야 한다는 프로그램으로 인해 혼란을 느끼고 있다.

김○○는 성격상으로 내성적이고 조용한 편이고, 친구들 역시 조용한 성격으로 많지는 않지만 사이가 매우 돈독한 편이다.

◎ 가족의 특성

김○○는 2녀 1남의 가족 구성원 중 둘째이다. 부모님과의 관계는 무난한 편이고, 다른 가족보다 언니와 매우 밀접한 관계에 있으며, 남동생과는 사이가 좋지 못하다.

부모님은 학업적으로 뛰어난 딸에게 거는 기대가 큰 편이고, 사회적 지위를 얻어 집에 도움을 주어야 한다고 늘 말한다. 김○○의 성적이 마음에 들 때에는 원하는 것을 들어주려 노력하는 편이지만, 성적이 떨어지면 매우 화를 내고 불편한 기색을 비친다. 소위 말하는 '사짜 직업'을 가지면 되는데 왜 진로에 대해 고민을 하는지 모르겠다는 입장이다.

언니는 외향적이고 활발하여, 성격이 반대되는 성향이 있지만 동생을 잘 챙겨주려고 노력하는 편이다. 가끔 다투기도 하지만 서로의 비밀 이야기를 공유할 만큼 친한 편이다. 언니는 학업적으로 김○○ 만큼 뛰어나지는 못하지만 전교에서 10등을 유지하고 있으며, 동생의 공부를 도와주기도 한다. 자매끼리는 친하지만, 남동생과는 심적 거리가 있는 편이다.

가족 중에서 남동생은 부모님의 애정을 독차지하는 편이고, 현재 초등학교 축구팀에서 선수로 활동중이다. 평일에는 선수 숙소에서 지내며, 주말에만 집에 오는 편이다. 장난끼가 많은 편으로, 김○○의 성격과 반대되어 친해지기 어려운 특성을 보이고 있다.

1) 김○○에게 사용할 수 있는 상담기법은 어떤 것들이 있는지
   생각해보기.

2) 김○○의 사례를 바탕으로 사례개념화 해보기

3) 김○○의 사례를 바탕으로 상담계획서 작성해보기

상 담 계 획 서

■ 상담주제 :

■ 상담목표 :

■ 상담관련 준비물(자료) :

■ 상담기간 :

■ 예상되는 어려움

■ 제안된 해결기법

■ 예상되는 반대

■ 반대에 대한 대응책

■ 내담자의 강점

---

2. 상담신청서 〈박○○〉

접수번호	2020 – ××		신청일	20××년 ××월 ××일

상담신청서

<table>
<tr><td>성명</td><td colspan="2">박○○</td><td rowspan="3">연락처</td><td>집</td><td></td></tr>
<tr><td>소속</td><td colspan="2">1학년 ○○반 ○○번</td><td>핸드폰</td><td>010 – ×××× – ××××</td></tr>
<tr><td>성별</td><td colspan="2">남(V) / 여( )</td><td>E – mail</td><td></td></tr>
<tr><td>생년
월일</td><td colspan="2">20××년 ××월 ××일
(만 16세)</td><td>종교</td><td>기독교</td></tr>
<tr><td rowspan="2">주소</td><td colspan="2" rowspan="2"></td><td>취미</td><td>없다</td></tr>
<tr><td>장래희망</td><td>사업가</td></tr>
</table>

<table>
<tr><td rowspan="2">가족
관계</td><td rowspan="2">성명</td><td rowspan="2">관계</td><td rowspan="2">연령</td><td rowspan="2">직업</td><td colspan="2">친밀도</td><td rowspan="2">비고
(동거
여부)</td></tr>
<tr><td>나쁨</td><td>좋음</td></tr>
<tr><td></td><td>박○○</td><td>아빠</td><td>49</td><td>교사</td><td colspan="2">1 2 3 **4** 5</td><td>○</td></tr>
<tr><td></td><td>황○○</td><td>엄마</td><td>47</td><td>교사</td><td colspan="2">1 **2** 3 4 5</td><td>○</td></tr>
<tr><td></td><td>박○○</td><td>누나</td><td>20</td><td>수험생</td><td colspan="2">1 2 **3** 4 5</td><td>○</td></tr>
<tr><td></td><td></td><td></td><td></td><td></td><td colspan="2">1 2 3 4 5</td><td></td></tr>
<tr><td></td><td></td><td></td><td></td><td></td><td colspan="2">1 2 3 4 5</td><td></td></tr>
<tr><td>가족
형태</td><td colspan="7">부모님이 함께 생활 (V) 이혼 ( ) 사별 ( )
별거 ( ) 재혼 ( )</td></tr>
<tr><td rowspan="2">상담 및 심리검사
받은 경험</td><td colspan="7">있다 (V)</td></tr>
<tr><td colspan="7">없다 ( )</td></tr>
</table>

◎ 내방경위 및 호소문제

박○○는 갑작스러운 성적 하락과 수업시간의 태도가 좋지 않아 담임선생님의 의뢰로 상담실에 오게 되었다. 1학기에 중간고사를 친 이후로 자신의 성적으로는 갈 수 있는 학교가 없는 것 같다, 특성화고를 가거나 자퇴를 하고 싶다는 등의 이유로 부모님과도 지속적인 갈등상황에 놓여 있다. 학교 내에서도 수업태도가 좋지 않은 학생들과 어울리고 있으며, 수업중에는 책을 펴지 않고 엎드리는 정도이지만, 가정 내에서는 부모님께 알리지 않고 외박을 하는 등의 모습을 보인다.

◎ 학업 특성 및 진로 발달과정

박○○은 1학기 중간고사에서 전교를 기준으로 중상위권의 성적을 보였으나 수업태도가 나빠진 이후로는 전체적으로 하위권의 성적을 보이고 있다. 그러나 영어(외국어) 영역에서는 중상위권의 성적을 유지중이며, 그와 관련해서는 공부 안해도 나온다는 반응을 보인다. 본인은 초/중학교에서는 학원과 과외로 거의 이루어졌다고 이야기하지만 영어 성적을 바탕으로 보았을 때, 학업적인 능력은 기본적으로 있는 것으로 보인다.

박○○는 현재 수업태도가 좋지 않은 학생들과 어울리고 있지만, 그 전에도 두루 친구들이 많은 편이었고, 친구들 사이에서 인기가 좋은 편이다.

◎ 가족의 특성

○ 아버지: 49세. 교사. 자녀들에게 매우 관대한 편이지만 어머니의 의견을 존중하여 훈육 등을 함께 하는 모습을 보인다. 현재 박○○의 모습은 기다리면 돌아와줄거라고 믿고 있으며, 허용하는 범위가 넓은 편이다. 또한, 아들이 외박

을 하는 것에 대해서도 크게 개의치 않고, 학교만 잘 나가고 있으면 괜찮다고 생각하고 있으나 어머니의 의견 때문에 새벽에도 아들을 데리러가는 등의 모습을 보였다.

○ 어머니: 47세. 교사. 자녀들에게 매우 집착적인 편이다. 누나의 대학진학 실패로 매우 스트레스적인 상황에 놓여 있으며, 아들은 꼭 성공(SKY대학의 입학)을 해야 한다는 믿음을 가지고 있다. 초등학교부터 자신이 모든 스케줄을 관리해 왔으며, 일을 하고 있으면서도 자녀들의 학교생활까지 모두 파악하는 등의 모습을 보인다.

○ 첫째(박○○, 딸): 20세. 첫 수험생활의 실패로 많이 힘들어하지만 어머니의 태도 때문에 크게 티를 내지 못하고 있다. 현재는 집에서 수험공부를 진행중이며, 내담자와는 큰 갈등 없이 지내고 있는 편이다.

○ 둘째(박○○, 아들) 내담자: 17세. 고1.

1) 박○○에게 사용할 수 있는 상담기법은 어떤 것들이 있는지
   생각해보기.

2) 박○○의 사례를 바탕으로 사례개념화 해보기

3) 박○○의 사례를 바탕으로 상담계획서 작성해보기

상 담 계 획 서

■ 상담주제 :

■ 상담목표 :

■ 상담관련 준비물(자료) :

■ 상담기간 :

■ 예상되는 어려움

```
┌─────────────────────────────────────┐
│                                     │
└─────────────────────────────────────┘
```

■ 제안된 해결기법

```
┌─────────────────────────────────────┐
│                                     │
└─────────────────────────────────────┘
```

■ 예상되는 반대

```
┌─────────────────────────────────────┐
│                                     │
└─────────────────────────────────────┘
```

■ 반대에 대한 대응책

```
┌─────────────────────────────────────┐
│                                     │
└─────────────────────────────────────┘
```

■ 내담자의 강점

```
┌─────────────────────────────────────┐
│                                     │
└─────────────────────────────────────┘
```

3. 상담신청서 〈이○○〉

접수번호	2020－××		신청일	20××년 ××월 ××일

상담신청서

성명	이○○	연락처	집	
소속	경제학과 1학년		핸드폰	010－××××－ ××××
성별	남(∨) / 여( )		E－mail	
생년 월일	20××년 ××월 ××일 (만 19세)		종교	무교
주소			취미	자전거타기
			장래희망	공무원

가족 관계	성명	관계	연령	직업	친밀도 나쁨 ←→ 좋음		비고 (동거 여부)
	이○○	아빠	39	택시운전	1 2 **3** 4 5		×
	정○○	엄마	38	가정주부	1 2 3 **4** 5		×
					1 2 3 4 5		
					1 2 3 4 5		
					1 2 3 4 5		

가족 형태	부모님이 함께 생활 (∨) 이혼 ( ) 사별 ( ) 별거 ( ) 재혼 ( )
상담 및 심리검사 받은 경험	있다 (∨)
	없다 ( )

◎ 내방경위 및 호소문제

이○○은 대학교 수업시간 중 발표수업에서 과도한 긴장으로 인한 과호흡을 겪고 나서 발표를 제대로 마치지 못했고, 그로 인한 스트레스로 상담을 신청하였다. 발표도중 모든 사람들이 자신을 쳐다보는 것에 대한 부담을 느껴 발표수업을 마치지 못할 만큼 긴장이 되었다고 이야기 하였다. 그 수업 이후로 자신을 쳐다보는 시선이나 사람들이 신경쓰여 행동을 하는 것이 매우 신경쓰인다고 하였다.

◎ 학업 특성 및 진로 발달과정

이○○는 본래 가고 싶어하던 대학이 있었고, 평소 성적도 그에 맞는 성적을 받아왔었다. 그러나 수능날 몸이 좋지 않아 시험을 제대로 보지 못하였고, 집에서도 재수보다는 성적에 맞춘 학교를 가기를 원했다. 이에 이○○는 불만을 품고 있지만 부모님과 제대로된 이야기를 나누지 못한 상태이다.

진취적이고 외향적인 성격을 지닌 이○○는 학창시절에도 매우 인기가 좋은 편이었고, 현재도 과 대표를 맡을 만큼 적극적인 모습을 보이고 있다. 학창시절에도 발표를 도맡아 하다시피 하였고, 오히려 자신이 나서서 발표를 할 정도였다. 대학에 크게 만족하고 있지는 않지만, 자신이 있는 자리에서 최선을 다해야 한다는 생각을 하고 있다. 대학교 4학년이 되면 공무원 시험을 준비할 계획을 갖고 있으며, 공무원이 되지 못하면 자신의 인생은 망할 것이라는 생각을 갖고 있다.

◎ 가족의 특성

이○○는 가족의 외동 아들이다. 부모님과의 관계는 무난한 편이지만, 신청서에 보고한 내용과는 약간 차이가 있는 것으로 확인되었다. 부모님이 어린 나이에 이○○를 낳아, 현재에도 양가 조부모의 지원을 받고 있다. 두 사람의 사이는 무난하지만 살갑거나 다정한 사이는 아닌 것으로 확인되었다.

아버지는 택시운전을 하고 있으나 알코올중독으로, 일을 나가는 날보다 나가지 않는 날이 더 많을 정도이다. 가족에게 폭력적인 성향을 보이지는 않지만, 권위적이고 무뚝뚝한 태도를 보이며 아들과 소통이 많지 않다. 무기력한 어머니의 모습에 자주 짜증을 내지만 퇴근할 때 어머니가 좋아하는 간식을 사오는 등의 모습을 보인다.

어머니는 무기력한 편이지만 아들에게는 최선을 다하는 모습을 보인다. 특히 대학을 진학하는 과정에서도 아들이 고생할까봐 재수보다는 성적에 맞는 대학을 가라고 먼저 권유한 것도 어머니의 역할이 컸다. 아들이 대학생활에 매우 만족하고 있다고 생각한다. 술을 많이 마시는 아버지에 대한 불만을 가지고 있지만 그래도 가정을 위해 노력하는 것에 만족하는 듯하다.

1) 이○○에게 사용할 수 있는 상담기법은 어떤 것들이 있는지 생각해보기.

2) 이○○의 사례를 바탕으로 사례개념화 해보기

3) 이○○의 사례를 바탕으로 상담계획서 작성해보기

상 담 계 획 서

■ 상담주제 :

■ 상담목표 :

■ 상담관련 준비물(자료) :

■ 상담기간 :

■ 예상되는 어려움

■ 제안된 해결기법

■ 예상되는 반대

■ 반대에 대한 대응책

■ 내담자의 강점

4. 상담신청서 〈정○○〉

접수번호	2020-××		신청일	20××년 ××월 ××일

상담신청서

성명	정○○	연락처	집	
소속	○○초등학교 3학년 담임교사		핸드폰	010-××××-××××
성별	남(　　) / 여(　∨　)		E-mail	
생년월일	19××년 ××월 ××일 (만 34세)		종교	무교
주소			취미	음악감상
			장래희망	

가족관계	성명	관계	연령	직업	친밀도 나쁨　　　　좋음	비고 (동거여부)
	황○○	남편	36	교육행정 공무원	1　2　3　4　**5**	○
	황○○	아들	4	유치원생	1　2　3　**4**　5	○
					1　2　3　4　5	
					1　2　3　4　5	
					1　2　3　4　5	

가족형태	함께 생활 (　∨　)　이혼 (　　)　사별 (　　) 별거 (　　)　재혼 (　　)
상담 및 심리검사 받은 경험	있다 (　　)
	없다 (　∨　)

◎ 내방경위 및 호소문제

정○○ 선생님은 같은 학교에 함께 근무하는 상담선생님과의 사적으로 대화를 나누다가 자신이 자녀를 양육하는 부분에서 문제가 있다는 것을 털어 놓았고, 정식으로 상담을 요청하였다.

교육행정 공무원인 남편과 초등교사인 자신이 자녀교육에 문제를 겪고 있는 것을 누군가에게 털어 놓는 것에 굉장한 부담을 느끼고 있으나 아들이 시시 때때로 떼를 쓰는 상황에서 항상 아들이 원하는 방향으로 일이 흘러가는 것에 과연 괜찮은지 의구심을 품고 있다. 특히 요새 떼쓰는 상황이 잦아지고, 심해지는 것을 느끼면서 상담의 필요성을 느끼고 있다.

◎ 촉발 문제

정○○ 선생님이 정식으로 상담을 신청하게 된 문제는 얼마 전 양가 부모님을 모시고 식사를 하게 된 자리에서 아들이 밥을 먹지 않겠다고 떼를 쓰기 시작하였다. 교육적 훈육을 하고자 하였으나 양가 부모님이 말을 한마디씩 하는 사이에 아들의 짜증이 더 심해지고, 자신의 가족들만 집으로 돌아오는 상황이 되었다.

정○○ 선생님은 '떼를 쓰는 일'과 관련하여 아들과 이야기를 하고자 하였으나 금새 잘못했다고 눈물을 보이거나 애교를 부리는 아이에게 단호하게 말을 하지 못하고 넘어가는 상황이 반복되고 있다.

◎ 가족의 특성

정○○ 선생님은 현재 6년차 부부로, 남편과의 사이는 매우 돈독한 편이다. 남편은 7년차 교육행정직 공무원으로, 긍정적이고 낙천적인 성격을 가지고 있으나 아들의 행동이 잘 못되었다는 것을 요즘 깨닫고 있다. 아내와는 같이 수험생활을 하며 연인 관계로 발전하였다. 서로의 가장 힘든 시절을 알고 있기에 아내를 애틋하게 생각하고 있다. 아들에게도 많은 애정을 가지고 있으며, 아들이 원하는 것은 무엇이든 들어주고자 하는 마음에 했던 행동들이 문제가 되지 않았나 하는 염려를 가지고 있다.

정○○ 선생님의 아들은 원래 외향적이고 개구진 성격을 가지고 있으나 아버지의 낙천적인 성격과 어머니의 갈피를 잡지 못하는 훈육방식으로 '떼를 쓰면 모든 것을 내마음대로 할 수 있다'는 믿음을 가지게 되었다. 유치원에서는 떼를 쓰는 것보다 모범적인 행동들로 선생님들의 애정을 독차지 하고 있으며, 주변 친구들을 챙길 정도로 어른스럽지만 집에만 오면 다른 모습을 보인다.

1) 정○○ 선생님에게 사용할 수 있는 상담기법은 어떤 것들이 있는지 생각해보기.

2) 정○○ 선생님의 사례를 바탕으로 사례개념화 해보기

3) 정○○ 선생님의 사례를 바탕으로 상담계획서 작성해보기

상 담 계 획 서

■ 상담주제 :

■ 상담목표 :

■ 상담관련 준비물(자료) :

■ 상담기간 :

■ 예상되는 어려움

| |
| |

■ 제안된 해결기법

| |
| |

■ 예상되는 반대

| |
| |

■ 반대에 대한 대응책

| |
| |

■ 내담자의 강점

| |
| |

5. 상담신청서 〈양○○〉

접수번호	2020 − ××		신청일	20××년 ××월 ××일

상담신청서

성명	양○○	연락처	집	
소속	4학년 ××반 ××번		핸드폰	010 − × × × × − × × × ×
성별	남 (∨) / 여 ( )		E−mail	
생년월일	20××년 ××월 ××일 (만 10세)	종교		무교
주소		취미		유튜브 시청
		장래희망		의사

가족관계	성명	관계	연령	직업	친밀도 나쁨 〜 좋음					비고 (동거 여부)
	김○○	엄마	42	사업	1	2	**3**	4	5	○
	양○○	형	13	초등학생	1	2	3	**4**	5	○
	양○○	여동생	6	유치원생	**1**	2	3	4	5	○
	양○○	아빠	42	사업	1	2	3	4	**5**	×
					1	2	3	4	5	

가족형태	부모님이 함께 생활 ( ) 이혼 (∨) 사별 ( ) 별거 ( ) 재혼 ( )

상담 및 심리검사 받은 경험	있다 ( )
	없다 (∨)

◎ 내방경위 및 호소문제

양○○은 학교에서 진행했던 학생정서행동특성검사에서 고위험군으로 결과를 받고 상담실로 의뢰되었다. 처음 결과를 받고 인정하지 못하겠다고 찾아온 아버지로 상담을 여러번 취소하였으나 친권과 양육권을 모두 가진 어머니의 신청으로 상담이 진행되게 되었다.

양○○은 초등학교 4학년의 나이에도 불구하고 '죽음', '살인'과 같은 단어를 자주 사용하고, 같은 반 아이들에게도 '죽여버리겠다', '가만놔두지 않겠다'는 협박을 자주 사용하였고, 특히 여동생에 대한 반감이 매우 심하였다. 가족화를 그리는 시간에도 같이 살지 않는 아버지는 그리지만 여동생은 그리지 않거나 여동생이 사는 집이라고 그림을 그려 놓고 '죽음아파트'라고 이름을 붙이는 등 매우 심한 적대감을 보였다.

◎ 학업 특성 및 진로 발달과정

양○○은 이해력이나 습득력이 매우 뛰어난 편이지만 집중력은 현저하게 떨어지는 편이다. 수업시간에도 집중을 잘하지 못하고, 근처 친구들에게 말이나 장난을 거는 편이지만 단원평가나 수행평가를 보게 되면 반에서도 뛰어난 성적을 보인다. 특히 수학과목에서 셈이 굉장히 빠르고 이해도가 높다.

양○○은 반에서 작은 키에 속하며, 체격 역시 매우 왜소한 편인데도 불구하고, 친구들과 몸으로 싸우는 날이 자주 있다. 특히 자신보다 큰 아이들에게도 주먹질을 서슴없이 하는 등의 모습을 보인다.

◎ 가족의 특성

양○○은 이혼가정에서 어머니가 혼자 2남1녀의 아이들을 양육하고 있는 환경에서 자라는 둘째이다.

　어머니는 세 아이에 대한 책임감으로 본인의 사업을 꾸려 나가는 와중에도 아이들을 돌보려 애쓰고 있다. 자신이 돌보지 못하는 것에 대비하여 아이들을 돌봐주는 이모님을 두고 있으며, 주말이나 저녁에는 아이들과 시간을 보내려 노력한다. 다정한 성격으로 아이들에게 골고루 사랑을 주려고 노력하지만 늘 부족하다고 느끼는 둘째에게 더 많은 애정을 주고자 한다.

　양○○는 첫째 아들로, 눈치가 매우 빠르고 영리한 편이다. 부모님의 상황을 모두 이해하고 있기 때문에 어머니가 속상해 할 일을 피하려고 노력하고, 동생들을 챙기려고 노력하지만 본인이 화가 나는 상황에서는 화를 잘 참지 못하는 모습을 보인다.

　양○○는 막내 딸로, 애정에 대한 욕구가 강하고 애교가 많은 편이다. 특히 자신을 애틋해 하는 부모님에 대한 마음을 이미 알고 있어 그것을 이용하는 경우가 많은 것으로 파악된다. 오빠들과는 관계가 매우 좋지 못하고 어머니보다는 자신을 돌봐주는 이모님에게 더 의지하는 편이다.

　아버지인 양○○는 같이 살고 있지는 않지만, 한달에 2번 아이들과 시간을 보내려고 노력한다. 그러나 아들들에게는 무뚝뚝하고 냉정한 아버지로, 딸에게는 애틋함이 넘치는 아버지로 보이는 것으로 파악된다. 딸에게 폭력적인 둘째 아들에게 특히 더 엄격하고, 자주 화를 내며 훈육이 강한 편이라고 파악된다. 상담에 대해서 매우 부정적인 의견을 가지고 있으며 진행중인 상담에도 둘째가 참석하는 것을 방해하는 등의 모습을 보여왔다.

1) 양○○에게 사용할 수 있는 상담기법은 어떤 것들이 있는지
   생각해보기.

2) 양○○의 사례를 바탕으로 사례개념화 해보기

3) 양○○의 사례를 바탕으로 상담계획서 작성해보기

상 담 계 획 서

■ 상담주제 :

■ 상담목표 :

■ 상담관련 준비물(자료) :

■ 상담기간 :

■ 예상되는 어려움

■ 제안된 해결기법

■ 예상되는 반대

■ 반대에 대한 대응책

■ 내담자의 강점

6. 상담신청서 〈안○○〉

접수번호	2020 - × ×		신청일	20××년 ××월 ××일

상담신청서

성명	안○○	연락처	집	
소속	2학년 ××반 ××번		핸드폰	010 - × × × × - × × × ×
성별	남( ) / 여(∨)		E-mail	
생년월일	20××년 ××월 ××일 (만 14세)	종교		무교
주소		취미		없음
		장래희망		아직 모르겠음

가족관계	성명	관계	연령	직업	친밀도 나쁨 ←→ 좋음					비고 (동거여부)
	안○○	아빠	40	사업	1	2	3	4	5	○
	이○○	엄마	40	가정주부	1	2	3	4	5	○
	안○○	여동생	15	학생	1	2	3	4	5	○
	안○○	남동생	12	학생	1	2	3	4	5	○
					1	2	3	4	5	

가족형태	부모님이 함께 생활 (∨) 이혼 ( ) 사별 ( ) 별거 ( ) 재혼 ( )

상담 및 심리검사 받은 경험	있다 ( )
	없다 (∨)

◎ 내방경위 및 호소문제

　최근들어 안○○는 수업시간에도 엎드려 자는 등 무기력하고 우울한 모습을 보이기 시작했다. 집에서도 가족들과 대화조차 하기 싫어하며 쌍둥이 동생과 함께 쓰던 방의 문을 걸어 잠그는 등 평소와는 다른 모습을 보였다. 안○○는 수학시간에 자신이 문제를 풀지 못해 놀림을 받는 것 같고, 아이들이 자신을 피한다고 느끼고 있다. 어머니는 안○○의 문제로 담임교사에게 상담을 요청하였고, 담임교사는 Wee클래스로 안○○의 상담을 의뢰하였다.

　안○○는 수학시간에 아이들이 보는 앞에서 문제를 못 풀어 너무 속상하다는 이야기와 이전에도 친구들과 친하게 지내고 싶은 마음이 컸지만 잘 안 돼서 속상하다고 이야기 하였다. 안○○는 마음이 힘들어지면서 같은 반 친구들에게 거리를 느끼고 있다고 이야기 하였다.

◎ 학업 특성 및 진로 발달 과정

　안○○는 반에서 중위권에 속하는 학생으로, 특히 수학과목을 어려워하고 있다. 안○○는 성격이 내성적이고 수줍음이 많은 편이다. 친구들을 많이 만들고 싶어하는 마음은 있지만 관계형성에 소극적이다. 친구들이 던지는 가벼운 농담도 자신의 방식으로 해석하여 상처를 받는 경우가 종종 있으며, 자신의 행동을 매우 신경쓰는 편이다.

◎ 가족의 특성

　안○○는 2녀1남 중 첫째로, 바로 밑의 동생과는 쌍둥이 관계이다.

　부모님과는 무난한 관계로, 늘 바빠 집을 자주 비우는 아버지와 다섯 식구의 살림을 도맡는 어머니 밑에서 집안일을 잘돕고, 늘 착한 딸의 역할을 해왔다. 가족 중에서는 어머니와 가장 밀접한 관계를 맺고 있으며, 어머니의 일을 잘 돕고 늘 집에서 머무는 조용한 딸이다. 다정하고 책임감 있는 아버지이지만 집에 자주 없어 아이들과의 관계는 크게 형성되지 못했고, 애정이 많고 섬세한 어머니의 눈치를 살피느라 내담자가 집에서 가족들의 관계를 유지시키는 역할을 하고 있다.

여동생과는 쌍둥이로, 같은 학교 같은 학년이지만 다른 반에서 생활을 하고 있다. 쌍둥이 여동생은 내담자와는 정반대 성격으로 외향적이고 밝은 성격으로 친구들이 많고, 인기가 좋은 학생이다. 언니가 친구를 사귀고 싶어하지만 관계형성에 소극적인 모습을 보면서 늘 답답해 한다. 친구를 사귀는데 도움을 주지 않고, 오히려 집에 머무는 시간보다 밖에서 친구와 보내는 시간이 더 많을 정도이다.

안○○는 막내 아들로, 가족의 사랑을 한눈에 받는 막내이다. 내담자인 안○○와 비슷한 성격이지만 친구들에게 인기가 좋은 편으로 집에 자주 친구를 불러 노는 것을 좋아하는 편이다.

1) 안○○에게 사용할 수 있는 상담기법은 어떤 것들이 있는지
   생각해보기.

2) 안○○의 사례를 바탕으로 사례개념화 해보기

3) 안○○의 사례를 바탕으로 상담계획서 작성해보기

상 담 계 획 서

■ 상담주제 :

■ 상담목표 :

■ 상담관련 준비물(자료) :

■ 상담기간 :

■ 예상되는 어려움

■ 제안된 해결기법

■ 예상되는 반대

■ 반대에 대한 대응책

■ 내담자의 강점

---

7. 상담신청서 〈문○○〉

접수번호	2020－××		신청일	20××년 ××월 ××일

상담신청서

<table>
<tr><td>성명</td><td colspan="2">문○○</td><td rowspan="3">연락처</td><td>집</td><td></td></tr>
<tr><td>소속</td><td colspan="2"></td><td>핸드폰</td><td>010－××××－
××××</td></tr>
<tr><td>성별</td><td colspan="2">남( ) / 여 (∨)</td><td>E－mail</td><td></td></tr>
<tr><td>생년
월일</td><td colspan="2">19××년 ××월 ××일
(만 24세)</td><td>종교</td><td>무교</td></tr>
<tr><td rowspan="2">주소</td><td colspan="2" rowspan="2"></td><td>취미</td><td>유튜브 시청</td></tr>
<tr><td>장래희망</td><td>아직 모르겠음</td></tr>
</table>

가족관계	성명	관계	연령	직업	친밀도 나쁨 좋음	비고 (동거 여부)
	문○○	아빠	51	의사	**1** 2 3 4 5	×
	김○○	엄마	47	교사	**1** 2 3 4 5	×
	문○○	언니	28	직장인	1 2 **3** 4 5	×
					1 2 3 4 5	
					1 2 3 4 5	

가족 형태	부모님이 함께 생활 (∨) 이혼 ( ) 사별 ( ) 별거 ( ) 재혼 ( )
상담 및 심리검사 받은 경험	있다 (∨)
	없다 ( )

◎ 내방경위 및 호소문제

문○○는 취업준비생으로, 학창시절에는 Wee클래스, 대학에서는 대학 내 상담센터를 거쳐 지속적으로 상담을 받아온 이력이 있다. 조금이라도 어려운 문제가 있을 때 자신을 따뜻하게 맞아주는 상담실의 기억으로 도움을 받고자 하는 마음에 사설 상담센터에 상담을 의뢰하게 되었다.

가족 내에서 자신은 이방인 같은 존재라고 자신을 소개하였다. 항상 엘리트 코스를 밟아온 가족들 사이에서 뒤처지고 버림받은 느낌을 항상 받는다고 하였다. 부모님은 자신을 철저히 무시하고 그나마 언니는 자신을 조금은 이해하고 있으나 직장에 들어간 이후로 함께 시간을 보내지 못해 우울하다고 이야기 한다.

◎ 촉발문제 및 진로 발달과정

문○○는 언니의 부재를 느끼면서 무기력감과 우울감이 심해지는 것을 느꼈다. 특히, 얼마전 외식을 하자는 가족 단톡에서 자신은 참여하지 못한다고 이야기 했으나 부모님과 언니만 시간을 맞춰 외식을 다녀온 것을 확인한 후 자신은 가족들에게 버림받았다는 느낌이 매우 강해졌고, 그것을 표현했으나 별다른 반응없는 부모님에게 크게 상처를 받았다.

문○○는 매우 평범한 학생으로 학창시절을 보냈다. 대학에 진학한 이후에도 큰 특징없이 과정을 마쳤다. 친구들 사이에서도 두루두루 잘 지내는 편이지만 정해진 그룹이나 단짝은 없는 편이고, 늘 연락하는 대상은 바뀌는 상황이다. 대학을 졸업한 지 반년이 지난 상황이지만 취업준비에 대한 어떤 것도 시도하지 않고 있으며, 자신감이 없다는 이유로 서류도 작성하지 않은 상태이다.

◎ 가족의 특성

○ 아버지: 지역의 대학병원에서 근무하는 의사로, 대외적인 이미지를 매우 중요시하게 생각하고 가족들에게도 그것을 강조하는 편이다. 아내와의 관계는 매우 좋은 편에 속하지만 딸들에게 애정을 표현하는 편은 아니다. 딸들의 생일이나 기념일을 챙기려 노력하는 편이고, 자신의 직업에 책임감을 가지고 있다.

○ 어머니: 지역의 사립고등학교에서 근무하는 선생님으로, 자녀들의 교육적인 부분을 전담하는 편이다. 살갑거나 다정한 성격은 아니지만 자녀들이 필요한 부분을 꼼꼼하게 살피는 역할을 하고 있다. 본인은 완벽주의적 성향을 가지고 있으며 학교 일과 집안 일을 모두 완벽하게 처리하는 편이다.

○ 언니: 학창시절 거의 매번 1등을 놓치지 않았으며, 반장과 전교회장을 도맡아 하던 모범생 중에서도 모범생. 부모님이 바라던 대로 의과대학이나 사범대학에 진학하지 않았으나 국내 유명 대기업에 취업하여 매우 바쁜 일상을 보내고 있다. 진취적이고, 자신이 맡은 바에 있어서는 끝까지 해내고자 하는 성격이 매우 강하며, 내담자와 그나마 이야기가 통하는 편이었으나 취업한 이후 거의 시간을 보내지 못하고 있다.

1) 문○○에게 사용할 수 있는 상담기법은 어떤 것들이 있는지
   생각해보기.

2) 문○○의 사례를 바탕으로 사례개념화 해보기

3) 문○○의 사례를 바탕으로 상담계획서 작성해보기

<u>상 담 계 획 서</u>

■ 상담주제 :

■ 상담목표 :

■ 상담관련 준비물(자료) :

■ 상담기간 :

■ 예상되는 어려움

■ 제안된 해결기법

■ 예상되는 반대

■ 반대에 대한 대응책

■ 내담자의 강점

8. 상담신청서 〈권○○〉

접수번호	2020 - ××		신청일	20××년 ××월 ××일

상담 신청서

성명	권○○	연락처	집	
소속	3학년 ××반 ××번		핸드폰	010 - ×××× - ××××
성별	남( ) / 여(V)		E-mail	
생년월일	20××년 ××월 ××일 (만 18세)	종교		무교
주소		취미		미드 시청
		장래희망		의사

가족관계	성명	관계	연령	직업	친밀도 나쁨 ←→ 좋음					비고 (동거여부)
					나쁨				좋음	
	권○○	아빠	57	사업	1	2	3	4	5	○
	한○○	엄마	55	사업	1	2	3	4	5	○
					1	2	3	4	5	
					1	2	3	4	5	
					1	2	3	4	5	

가족형태	부모님이 함께 생활 (V) 이혼 ( ) 사별 ( ) 별거 ( ) 재혼 ( )

상담 및 심리검사 받은 경험	있다 ( )
	없다 (V)

◎ 내방경위 및 호소문제

권○○는 학교에서 털어 놓지 못할 문제로 1388에 전화를 하였다. 처음 전화는 학교 정문에 걸려 있는 현수막을 보고 걸었다고 이야기 하였으며, 학교 안에 상담실을 믿지 못하겠으나 학교 밖에 있는 상담실은 조금 더 안전할 것 같다는 느낌이 든다고 하며 상담을 신청하였다.

권○○는 학교에서 따돌림을 당하는 것 같다는 문제를 호소하였다. 대놓고 따돌리는 것이 아닌 은근한 따돌림으로 더 스트레스를 받는다고 이야기 하였다. 예를 들어 자신의 물건을 자신이 정리한 방식이 아닌 다른 방식으로 흐트려 놓는다거나 조별 과제를 할 때 자신만 빼고 조를 형성해버리는 등 사소한 문제로 고 3 생활에 스트레스를 받고 있으며, 곧 6월 모의고사를 앞두고 공부도 잘 되지 않는다고 호소하였다.

◎ 학업 특성 및 진로 발달과정

권○○는 고등학교 1, 2학년 때 지필고사에서는 매우 뛰어난 성적을 나타내고 있으나 수행평가 부분에서 성적이 약간 떨어지는 상황이었다. 전체 성적으로 원하는 대학이 약간 못미치는 편이어서 1, 2학년 때 친하던 친구들이 아닌 수행평가를 잘할 수 있는 친구들과 잠시 어울렸다. 고등학교 3학년에 올라오면서 수행평가가 줄어드는 것을 보고 평소 친하던 친구들과 다시 어울리려고 했으나 친구들이 무시했다고 주장한다.

권○○의 성격상 원래 친했던 친구들이 이해해줄 것이라는 막연한 믿음이 있었으나 다시 돌아가려 했을 때 받아주지 않는 모습에 자존심상 먼저 다가가고 싶지 않다고 이야기 하였다.

◎ 가족의 특성

아버지와 어머니는 늦게 결혼한 편이기도 했으나 권○○를 매우 어렵게 임신 및 출산을 한 이후 매우 애틋하게 키워왔다.

아버지와 어머니 모두 각자의 사업체를 가지고 계시지만 권○○와 시간을 많이 보내려고 노력하시고, 두분의 사이가 매우 돈독한 편이다. 권○○에 맞춰주기 위해서 SNS와 스마트폰 사용을 배우셔서 매우 능통하게 사용하시는 편이고, 권○○에게 많은 지원을 해주시는 편이다.

1) 권○○에게 사용할 수 있는 상담기법은 어떤 것들이 있는지
   생각해보기.

2) 권○○의 사례를 바탕으로 사례개념화 해보기

3) 권○○의 사례를 바탕으로 상담계획서 작성해보기

상 담 계 획 서

■ 상담주제 :

■ 상담목표 :

■ 상담관련 준비물(자료) :

■ 상담기간 :

■ 예상되는 어려움

■ 제안된 해결기법

■ 예상되는 반대

■ 반대에 대한 대응책

■ 내담자의 강점

9. 상담신청서 〈한○○〉

접수번호	2020 − × ×		신청일	20× ×년 × ×월 × ×일

상담신청서

성명	한○○		집	
소속	00대학교 4학년	연락처	핸드폰	010 − × × × × − × × × ×
성별	남( ) / 여(∨)		E−mail	
생년월일	20× ×년 × ×월 × ×일 (만 21세)		종교	무교
주소			취미	맛집탐방
			장래희망	청소년지도사

가족관계	성명	관계	연령	직업	친밀도 나쁨 좋음					비고 (동거여부)
	한○○	아빠	45	직장인	1	2	**3**	4	5	○
					1	2	3	4	5	
					1	2	3	4	5	
					1	2	3	4	5	
					1	2	3	4	5	

가족형태	부모님이 함께 생활 ( ) 이혼 ( ) 사별 (∨) 별거 ( ) 재혼 ( )

상담 및 심리검사 받은 경험	있다 (∨)
	없다 ( )

◎ 내방경위 및 호소문제

한○○는 자신이 통제되지 않는 것을 느끼고 상담실을 찾아오게 되었다. 학창시절, 대학교 2학년 때까지는 상위권 성적을 유지하였고, 학교생활 역시 잘해 나가고 있었으나 1년 전인 대학교 3학년에 올라서면서부터 성적도 떨어지고, 학교생활에 참석도 매우 줄었으며 올해 1학기에는 과도한 결석과 성적 하락으로 학사경고를 받게 되었다.

한○○는 1년 전부터 잦은 술자리를 갖게 되었고, 술자리가 없는 날에는 혼술을 하며 SNS에 게시하는 등 술에 대한 과도한 집착을 보였다. 하루에 마시는 술의 양도 점차 늘어나게 되었고, 술 때문에 수업에 참석하지 못하거나 과제를 하지 못하는 등의 모습을 보였다. 술을 마시지 않는 날에는 매우 예민한 모습으로 자주 짜증을 내었다. 자신이 술을 마시는 이유는 어머니에 대한 그리움과 그를 충족시켜 주지 못한 아버지에 대한 분노라고 이야기 한다.

◎ 행동 관찰

한○○는 또래에 비해 큰 키와 매우 마른 몸을 가졌고, 옷은 섬유유연제 향은 풍겼으나 깨끗하게 세탁되지 않은 편이다. 상담 약속시간에 약간 늦게 도착하였고, 미세하게 손과 다리를 떨고 있었으며, 상담자의 작은 행동에도 매우 예민하게 반응하였다.

긴머리는 느슨하게 묶고 있었으며 엄지손가락에 끼고 있는 반지를 지속적으로 뺏다 끼웠다하는 모습을 보였다.

◎ 가족의 특성

한○○는 중학교 1학년 겨울방학에 어머니의 사망을 겪으면서 매우 힘든 한때를 보내게 되었다. 4년 전까지는 할머니가 한

○○와 아버지의 생활을 돌봐주었으나 지병으로 인한 요양병원 입원으로 인해 두 사람만 생활하게 되었다.

아버지는 한○○가 자라면서 부족한 것이 없도록 경제적 지원은 하였으나 정서적 지원은 거의 이루어지지 않은 것으로 보이고, 한○○는 거의 할머니와 정서적 교류를 하는 것이 대부분이었다. 한○○의 학교생활이나 성적에는 큰 관심이 없었고, 아버지 본인도 어머니에 대한 그리움으로 꽤 힘든 시간을 보낸 것으로 보인다.

어머니는 늦게 발견된 암으로 크게 손을 쓰지 못한 채 사망하게 되었고, 사망하기 전 매우 다정하고 따뜻했던 성품을 지니고 있었으며 아버지와의 관계가 매우 돈독하였다.

1) 한○○에게 사용할 수 있는 상담기법은 어떤 것들이 있는지
   생각해보기.

2) 한○○의 사례를 바탕으로 사례개념화 해보기

3) 한○○의 사례를 바탕으로 상담계획서 작성해보기

상 담 계 획 서

■ 상담주제 :

■ 상담목표 :

■ 상담관련 준비물(자료) :

■ 상담기간 :

■ 예상되는 어려움

■ 제안된 해결기법

■ 예상되는 반대

■ 반대에 대한 대응책

■ 내담자의 강점

10. 상담신청서 〈장○○〉

접수번호	2020 - × ×		신청일	20× ×년 × ×월 × ×일

상담신청서

성명	장○○		집	
소속	3학년 × ×반 × ×번	연락처	핸드폰	010 - × × × × - × × × ×
성별	남(∨) / 여( )		E-mail	
생년월일	20× ×년 × ×월 × ×일 (만 9세)	종교		무교
주소		취미		미드 시청
		장래희망		의사

가족관계	성명	관계	연령	직업	친밀도 나쁨				좋음	비고 (동거여부)
					나쁨				좋음	
	김○○	새아빠	44	직장인	1	2	**3**	4	5	○
	장○○	엄마	40	직장인	1	2	3	**4**	5	○
	김○○	형	11	초등학생	1	**2**	3	4	5	○
	정○○	친아빠	42	사업	1	2	3	4	**5**	×
					1	2	3	4	5	

가족형태	부모님이 함께 생활 ( ) 이혼 ( ) 사별 ( ) 별거 ( ) 재혼 (∨)

상담 및 심리검사 받은 경험	있다 ( )
	없다 (∨)

◎ 내방경위 및 호소문제

　장○○는 어머니의 재혼으로 전학을 오게 된 새로운 학교에 적응하지 못하고 어려움을 겪고 있어 담임교사의 의뢰로 학교 내 Wee클래스에서 상담을 진행하게 되었다.

　장○○는 3개월 전 어머니의 재혼으로 인해 사는 곳에 대한 변화와 학교를 옮기는 과정에서 적응을 잘하지 못하였고, 친구를 사귀거나 수업에 집중하는 등의 전반적인 학교생활에 어려움을 겪고 있다.

◎ 학업 특성 및 진로 발달과정

　장○○는 전에 다니던 학교에서는 반장을 도맡아 할 정도로 적응력이 뛰어나고 두루 친구가 많았으며 학교 선생님에게 예쁨을 받을 정도로 바르고 성적도 우수한 학생이었다. 그러나 자신이 원하지 않은 전학으로 인해 새로운 학교에 적응하기 어려워하고 있으며, 친구에게 다가가거나 다가오는 것에 대한 두려움을 표현하고 있으며, 수업중에도 다른 생각을 하는 등 어려움을 겪고 있다.

◎ 가족의 특성

○ 아버지: 44세. 직장인. 형과 내담자에 대한 차별을 느끼지 못할 정도로 노력하고 있으나 내담자는 새아빠에 대해 다가가기 어려워한다. 몸으로 놀아주는 등 동적인 활동을 좋아하던 친아버지와 달리 정적인 활동을 선호하는 새아빠에게 적응 하는 것을 어려워하고 있다.

○ 친아버지: 42세. 사업가. 가족들에게 언어적 폭력을 행사하는 등 신경쇠약적 태도를 보였다. 가족들이 자신의 권위를 인정해 주지 않는다고 느낄 때 분노폭발을 하였으며, 피해의

식이 강하고, 사회적으로 위축되어 있는 모습을 보였고 그러한 이유로 3년 전 이혼을 하였다. 그러나 내담자에게는 몸으로 자주 놀아주는 등의 모습으로 매우 친밀한 사이였다.

○ 어머니: 40세. 직장인. 내담자를 혼자 케어하다가 재혼을 하게 된 과정에서 내담자가 상처받지 않도록 노력하였으나 현재의 모습에 매우 당황하고 있다. 책임감이 강하고 다정한 성격을 가지고 있으나 이혼을 한 이후 내담자에게 모든 정성을 쏟았다.

○ 첫째(김○○): 11세. 초4. 새아버지가 데리고 온 형으로, 바르고 착한 이미지가 강하지만 둘이 있을 때는 장○○에게 시비를 걸거나 폭력을 행사하는 등의 모습을 보인다.

1) 장○○에게 사용할 수 있는 상담기법은 어떤 것들이 있는지
생각해보기.

2) 장○○의 사례를 바탕으로 사례개념화 해보기

3) 장○○의 사례를 바탕으로 상담계획서 작성해보기

상 담 계 획 서

■ 상담주제 :

■ 상담목표 :

■ 상담관련 준비물(자료) :

■ 상담기간 :

■ 예상되는 어려움

■ 제안된 해결기법

■ 예상되는 반대

■ 반대에 대한 대응책

■ 내담자의 강점

참고문헌

고영인 편(2001), 상담연습워크북(개정판), 문음사.

김계현(2002), 카운슬링의 실제(개정판), 학지사.

김진희, 박미진, 임경희, 조봉환(2018), 학교상담자를 위한 상담면접의 실제, 학지사.

노안영(2009), 101가지 주제로 알아보는 상담심리, 학지사.

박경애(2011), 상담심리학, 공동체.

박태수 외(2003), 개인상담의 실제, 학지사.

이장호, 금명자(2014), 상담연습교본, 법문사.

천성문, 차명정, 이형미, 류은영, 정은미, 김세경, 이영순(2019), 상담입문자를 위한 상담기법, 학지사.

신경진(2009), 상담의 과정과 대화기법, 학지사.

찾아보기

저자 약력

백현옥

전) 한국푸드아트테리피학회 회장
현) 송원대학교 상담심리학과 교수
　　 한국푸드아트테리피학회 자격위원장
　　 한국청소년상담학회 인성분과 회장

초심상담자를 위한 상담기법

초판발행　　2021년 1월 15일
중판발행　　2022년 9월 10일

지은이　　　백현옥
펴낸이　　　노　현

편　집　　　우석진
기획/마케팅　이후근
표지디자인　벤스토리
제　작　　　고철민·조영환

펴낸곳　　　㈜ 피와이메이트
　　　　　　서울특별시 금천구 가산디지털2로 53, 한라시그마밸리 210호(가산동)
　　　　　　등록　2014. 2. 12. 제2018-000080호

전　화　　　02)733-6771
f a x　　　 02)736-4818
e-mail　　　pys@pybook.co.kr
homepage　www.pybook.co.kr
ISBN　　　 979-11-6519-127-6　93180

정　가　　　16,000원

박영스토리는 박영사와 함께하는 브랜드입니다.